Jörg Boysen | Dirk Randoll | Nina Villwock
»Man lernt Sachen, die man wirklich braucht.«

Jörg Boysen | Dirk Randoll | Nina Villwock

»Man lernt Sachen, die man wirklich braucht.«

Absolventenstudie:
Ehemalige Montessori-Schüler:innen
kommen zu Wort

Mit einem Vor- und Schlusswort
von Margret Rasfeld

Die Herausgeber:innen

Dr. Jörg Boysen ist Mathematiker und Unternehmensberater i.R. Er war in der Aufbauzeit langjähriger Vorsitzender des Montessori-Zentrums Hofheim. Seit 2003 engagiert er sich auf Landes- und Bundesebene und wurde 2014 zum ehrenamtlichen Vorsitzenden des Montessori Bundesverband Deutschland e.V. gewählt. Sein Fokus ist die Verbesserung der Qualität und die Zukunftssicherung der deutschen Montessori-Institutionen und -Strukturen.

Prof. Dr. Dirk Randoll (†) absolvierte ein Studium der Erziehungswissenschaft in Frankfurt/Main. Er war langjähriger wissenschaftlicher Mitarbeiter am Deutschen Institut für Internationale Pädagogische Forschung (DIPF) in Frankfurt/Main. 2002 hat er die Professur für Empirische Sozialforschung am Fachbereich Bildungswissenschaft der Alanus Hochschule in Alfter bei Bonn angetreten. Er ist im Dezember 2021 verstorben.

Nina Villwock M.A. ist leidenschaftliche Montessori-Pädagogin. Im Jahr 2006 war sie Mitgründerin der Freie Montessori Schule Main-Kinzig gGmbH und ist seit 2011, mit Susen Schorn, geschäftsführende Gesellschafterin. Gemeinsam tragen sie die Verantwortung für ein Kinderhaus, eine Grundschule und eine Sekundarschule und begleiten den Lebensweg von 3-jährigen Kindern bis zu deren Jugend im Alter von 16 Lebensjahren.

Das Werk einschließlich aller seiner Teile ist urheberrechtlich geschützt. Jede Verwertung ist ohne Zustimmung des Verlags unzulässig. Das gilt insbesondere für Vervielfältigungen, Übersetzungen, Mikroverfilmungen und die Einspeicherung und Verarbeitung in elektronische Systeme.

Dieses Buch ist erhältlich als:
ISBN 978-3-7799-7098-9 Print
ISBN 978-3-7799-7099-6 E-Book (PDF)

1. Auflage 2022

© 2022 Beltz Juventa
in der Verlagsgruppe Beltz · Weinheim Basel
Werderstraße 10, 69469 Weinheim
Alle Rechte vorbehalten

Herstellung und Satz: Ulrike Poppel
Druck und Bindung: Beltz Grafische Betriebe, Bad Langensalza
Beltz Grafische Betriebe ist ein klimaneutrales Unternehmen (ID 15985-2104-100)

Weitere Informationen zu unseren Autor:innen und Titeln finden Sie unter: www.beltz.de

Inhalt

Vorwort
(Margret Rasfeld)   9

Geleitwort des Montessori Bundesverband Deutschland e. V.
(Jörg Boysen)   12

Nachruf auf Dirk Randoll
(Jörg Boysen)   14

Einleitung
(Nina Villwock)   15

1   Entwicklung der Montessori-Pädagogik – allgemein und in Deutschland
(Jörg Boysen)   19
    1.1   Allgemeine Entwicklung   19
        1.1.1   Reformpädagogischer Aufbruch und Montessoris Erkenntnisse   20
        1.1.2   Montessoris Erziehungs- und Bildungskonzeption   21
        1.1.3   Bedeutung für das moderne Bildungswesen   22
    1.2   Montessori in Deutschland   24
        1.2.1   Deutsche Montessori-Anfänge 1913–1936   25
        1.2.2   Renaissance der Montessori-Pädagogik nach 1945   26
        1.2.3   Ausbildung von Montessori-Pädagog:innen   26
        1.2.4   Gründung von Montessori-Schulen   28
        1.2.5   Montessori-Pädagogik im akademischen Bereich   29
        1.2.6   Zusammenarbeit auf nationaler Ebene   29

2   Intentionen der Untersuchung und methodisches Vorgehen
(Dirk Randoll)   31

3   Stichprobe
(Dirk Randoll)   33
    3.1   Personenbezogene Daten   33
    3.2   Ehrenamtliches Engagement und politische Aktivitäten   34

4	Familiärer Hintergrund der Befragten (Dirk Randoll)	35
	4.1 Eigene Kinder	35
	4.2 Schulwahlmotive der Eltern	35
5	Schul- und Berufsbiographie (Dirk Randoll)	38
	5.1 Einschulung	38
	5.2 Schulabschluss	39
	5.3 Beruf	40
6	Die Zeit in der Montessori-Schule (Nina Villwock und Dirk Randoll)	42
	6.1 Wichtige Erfahrungen und Erlebnisse	42
	6.2 Positive und negative Aspekte des eigenen Schulbesuchs	44
	6.2.1 Positive Aspekte	45
	6.2.2 Negative Aspekte	47
	6.2.3 Zusammenfassende Betrachtung	51
7	Ergebnisse zu den geschlossenen Fragen (Dirk Randoll und Jürgen Peters)	52
	7.1 Vorbemerkungen	52
	7.2 Besonderheiten der Montessori-Pädagogik	53
	7.3 Persönliche Erfahrungen in und mit der Montessori-Schule	54
	7.3.1 Lernen und Unterricht	54
	7.3.2 Lehrer und Unterricht	55
	7.3.3 Sonstiges	56
	7.4 Einfluss von Schule	57
	7.4.1 Persönlichkeitsförderung	58
	7.4.2 Lebensweltorientierung	59
	7.4.3 Wissensvermittlung, Lernen und Umgang mit Wissen	61
	7.4.4 Soziales Lernen, Sozialverhalten	62
	7.4.5 Zusammenfassung	63
8	Auseinandersetzung mit den Grundlagen der Montessori-Pädagogik (Dirk Randoll)	64
9	Bedeutung der Montessori-Pädagogik im Leben der Befragten (Dirk Randoll)	66

10	Differenzierungen (Dirk Randoll und Jürgen Peters)	69
	10.1 Differenzierung nach Geschlecht	69
	10.2 Differenzierung nach Ausbildung und Beruf	74
	10.3 Differenzierung nach „Grundständigen" und Quereinsteiger:innen	76
	10.4 Differenzierung nach Bundesländern	79
11	Herausforderungen für die Montessori-Schule in der Zukunft aus Sicht der Befragten (Nina Villwock und Dirk Randoll)	81
12	Die Zukunft: Montessori im 21. Jahrhundert (Nina Villwock)	85
	12.1 Vielfältige Landschaft an Montessori-Schulen	85
	12.2 Unterschiede in der Schulqualität – Montessori Deutschland Qualitätsrahmen	86
	12.3 Reputation von und Wissen über Montessori-Pädagogik	87
	12.4 Naturwissenschaften, Kunst und Musik – mangelnde Fachabdeckung?	88
	12.5 Qualifikation der Lernbegleiter:innen	88
	12.5.1 Nationale und internationale Aus- und Weiterbildungsmöglichkeiten (ein Exkurs)	90
	12.6 Weltweit einzigartig: Die Situation der Fachliteratur	94
	12.7 Wissenschaftliche Grundlagen und praktische Umsetzung der Montessori-Pädagogik in der Sekundarschule	95
13	Handlungsableitungen (Jörg Boysen)	98
	13.1 Übergeordnete Ziele der Montessori-Pädagogik	98
	13.2 Rahmenbedingungen für die Umsetzung der Montessori-Pädagogik	98
	13.3 Konsequenzen für unser „Kerngeschäft"	99
	13.4 Profilbildung und Öffentlichkeitsarbeit	100
	13.5 Weiterentwicklung der Pädagogik	101
14	Schlusswort (Margret Rasfeld)	103
Literatur		106
Die Autor:innen		110

Vorwort

Margret Rasfeld

Schulen sind in den meisten Regionen dieser Erde *die* gesellschaftlichen Institutionen, die, in Ergänzung zu den *Familien* und heute auch den *multimedialen Einflüssen*, das Aufwachsen und die Entwicklung von Kindern und Jugendlichen zu ihren je eigenen Persönlichkeiten am intensivsten prägen, am umfassendsten auf sie Einfluss nehmen. Das zeigt sich allein schon in der *zeitlichen Inanspruchnahme* der Mädchen und Jungen durch die Schule. Ob es sich um Ganztags-Schulen handelt oder auch nicht: Kindheit ist Schul-Zeit. Jugendzeit ist Schul-Zeit. Kinder und Jugendliche sind in der Lebensspanne von etwa 6 bis 18 Jahren vor allem *Schul*-Kinder, eben *Schülerinnen* und *Schüler*. Schulen prägen die Einstellungen und Haltungen, sie prägen das SELBST- und das WELT-BILD der Kinder. Auch dazu wurden die Schulen ja geschaffen.

Durch Schulen wollen sich Gesellschaften immer wieder neu – bzw. oft in alter Weise – re-konstruieren und re-konstituieren. Das tun sie nicht nur durch das, was in den offiziellen Lehrplänen steht, das tun sie vor allem durch das, was wir als den *heimlichen Lehrplan* bezeichnen: das Insgesamt an jeweiliger Schulkultur. Fragen dazu sind z. B.:

- Steht der Mensch als Gesamt-Persönlichkeit im Mittelpunkt oder eher das Abarbeiten von Stoffplänen?
- Prägen Standards und Normierung das Lernen oder eher die Einzigartigkeit und die – unverletzbare – Würde eines jeden Menschen, gerade auch die Würde der Kinder?
- Bestimmen umfassende Kontrollen den Schulalltag oder ein prinzipielles Vertrauen?
- Erschließen sich die einzelnen Mädchen und Jungen individuell ihre je eigenen Lernschritte oder findet angeordnetes Lernen im „Gleichschritt-Marsch" statt?
- Werden Problemstellungen kreativ angegangen, zu lösen versucht oder vorwiegend Fakten auswendig gelernt?
- Werden Herausforderungen gemeinsam bewältigt oder Einzelbewertungen in Konkurrenz untereinander gesammelt?

Kurzum: Bietet Schule als Entwicklungskontext ausreichend von dem, was vor dem Hintergrund eines nachhaltigkeits- und demokratiebasierten Menschenbildes wirklich zählt: individuelle und gemeinsame Gestaltungszeit; wertschätzende Beziehung zwischen allen Partner:innen, auch zwischen allen Generationen; Partizipation, also die Teilnahme und Einflussmöglichkeit im Prinzip auf alle Entscheidungen; die Übernahme von Mit-Verantwortung für alle Angelegenheiten, für alle Aufgaben und Herausforderungen; Sinn in allem Tun und auch im Lassen.

Bei dem prägenden Einfluss von Schulen auf die jeweilige Individualentwicklung wie auch auf die gesellschaftliche, auf die gesamtgesellschaftliche Entwicklung, muss es ein Gebot sein, wissen zu wollen und immer wieder zu erforschen, welche Wirkungen einzelne Schulen und das Schulsystem insgesamt erzeugen. Dass sich die Montessori-Schulen diesem „Selbstüberprüfungsgebot" mit der vorliegenden Studie nun bereits zum zweiten Mal gestellt haben, ist ein erster Grund, weshalb die vorliegende Arbeit hohe Achtung und ausdrückliche Anerkennung verdient! Denn nur wer sich der Selbstüberprüfung stellt, wer sie pflegt, wer sie weiterentwickelt, wem sie zur Selbstverständlichkeit des pädagogischen Gesamtkonzepts wird, der wird sich zu dem profilieren können, was das gewollte Eigene ausmachen soll. Dabei ist klar: In einer Welt des Wandels muss die *Weiterentwicklung* die Grundlage dafür sein, was lebendig als die eigene Substanz zukunftsfähig, zukunftsgeeignet, zukunftsschaffend bleiben soll.

Das zweite, was ich im Blick auf die vorliegende Arbeit würdigen möchte, ist, dass die ehemaligen Montessori-Schülerinnen und -Schüler selbst zu Wort kommen. Denn in aller Regel, jedenfalls viel zu oft, sind die Kinder und Jugendlichen die *Objekte* einer Untersuchung und *nicht* deren *Subjekte*. Für eine Pädagogik aber, für die der Grundsatz „*Hilf mir, es selbst zu tun*", Weltgeltung erreicht hat, kann und darf es gar nicht anders sein, als dass das differenzierte Insgesamt der subjektiven Sichtweisen den entscheidenden objektiven Qualitätsbefund darstellt.

Die Pädagogik von Maria Montessori ist vor dem Hintergrund der ökologischen, der sozialen und der Sinnkrisen hoch aktuell. Das Verstehen von Zusammenhängen, die Verantwortungsübernahme für das eigene Lernen und für das Mit-Lernen mit anderen, für den Schutz unseres Planeten, für Würde und Achtung, die Erfahrung von Kooperation, von uneigennütziger Liebe und nicht vorgegaukelter Harmonie, von umfassender Gerechtigkeit zwischen Erwachsenen und Kindern und weltweit zwischen Völkern, der Blick auf die Veränderung der Welt in Richtung auf eine einzige, friedliche Nation (*nazione unica*), das alles ist Wesenskern der Kosmischen Erziehung, der Friedenserziehung, der Montessori-Pädagogik „gut-hin". Dazu ist es wichtig, dass junge Menschen an sich glauben, dass sie erfahren, dass sie richtig und wichtig sind in ihrer je eigenen Einzigartigkeit, dass sie sich angstfrei und gemäß ihren individuellen Möglichkeiten entwickeln können und in sozialen Gemeinschaften ganzheitlich-schöpferisch tätig sein dürfen, mit Lernfreude, Kreativität und Neugier. All dies ist hochrelevant für die heutige Zeit der Transformation in eine Welt der Digitalität, die umso mehr nachhaltig sein und werden muss. In dieser Welt geht es darum, Ungewissheit, Unplanbarkeit und Nicht-Wissen auszuhalten, Komplexität zu bewältigen, die Verbindung mit sich selbst, mit anderen und mit der Natur zu stärken, an sich zu glauben, Zuversicht und Hoffnung zu bewahren und ein positives Selbst zu entwickeln, sich selbst zu führen, selbstwirksam zu sein.

Natürlich ist Sach- und Fachwissen sehr wichtig. Alles Wissen und Können hat aber letztlich – wie dargestellt – immer nur dienende Funktionen im Blick auf die aktive Welt-Gestaltung. Dieses Grundverständnis ist der Anspruch der Montessori-Pädagogik. Es war es bei Maria Montessori zu ihrer Zeit in ihrer Weise. Dem Werk Maria Montessoris auch heute noch immer gerecht zu werden, diesem Werk treu zu bleiben, heißt, diesem Anspruch gerecht zu werden, diesem Anspruch treu zu bleiben, in allen Formen und mit allen modernen Medien, die uns heute zur Verfügung stehen.

Ein Letztes sei hier noch – in einem Vorwort mehr angedeutet als ausgeführt – ergänzt, was als entscheidende Dimension der Bildung und Erziehung anzusehen ist. Gewolltes Handeln ist immer auf stimmige Haltungen angewiesen. Aus den Haltungen erwachsen die Handlungen. Und die Handlungen haben wieder Rückwirkungen auf die Haltungen. Haltung, Resonanz und Beziehungsqualität sind der Nährboden für Lernen. Auch das hat Maria Montessori schon in ihrer Weitsicht erkannt. Weil dieses Wechsel-Wirk-Verhältnis von Haltung und Handlung konstitutiv ist für die gefragte hochwertige Bildung, darum arbeiten die Montessori-Bildungslandschaften in sehr hohem Maße und durchgehend daran, dass in der Lern- und Arbeitskultur schon erfahren wird, praxisbestimmend ist, was mit transformativer Bildung gemeint ist.

Wie Sie, die Leser:innen dieser Studie, das, was die Heranwachsenden über ihre zurückliegenden und derzeitigen Lebens- und Lernerfahrungen in ihrer Zeit an ihren Orten unter den ja recht unterschiedlichen Kontexten berichten, wie sie das, vor ihren Erwartungen und Ansprüchen insgesamt bewerten, das beurteilen und bewerten Sie selbst.

Ich möchte sagen: Ihr „Montis" seid auf guten Wegen. Das freilich ist ein Ansporn, im Bisherigen nicht nachzulassen und die Horizonte im Sinne des globalen Gesamtkonzepts von Bildung für nachhaltige Entwicklung (BNE) zu weiten.

Geleitwort des Montessori Bundesverband Deutschland e. V.

Jörg Boysen

Montessori-Schulen erfahren die Qualität ihrer Arbeit durch die tägliche Praxis, z. B. durch Leistungsüberprüfungen, aber auch durch subjektive Rückmeldungen der Beteiligten (Schüler:innen, Eltern, Pädagog:innen und Ehemalige). Demgegenüber liegen vergleichsweise wenige wissenschaftliche Erkenntnisse darüber vor, welche Spuren in welchen Lebensbereichen und in welcher Intensität/Häufigkeit der Besuch einer Montessori-Schule bei den Schüler:innen hinterlassen hat. Ebenso wenig gibt es Untersuchungen dazu, inwieweit Montessori-Schulen dem eigenen Anspruch gerecht werden, Kinder und Jugendliche in sinnhafte Lernprozesse zu integrieren, sie in ihrem Selbstwertgefühl, in ihrer Selbständigkeit und in ihrem Verantwortungsbewusstsein zu stärken und sie bei der Bewältigung lebenspraktischer Anforderungen zu unterstützen.

Dies liegt vor allem daran, dass verschiedene Grundvoraussetzungen einer solchen wissenschaftlichen Auseinandersetzung nicht gegeben sind: Es mangelt an eigenen Ressourcen, Know-how und koordinierenden Verbandsstrukturen. Insbesondere fehlt die eigene Entschlossenheit, Studien wie die hier vorliegende durchzuführen. Insofern sind wir sehr dankbar für die Gelegenheit, die sich durch die finanzielle Unterstützung der Software AG – Stiftung (SAGSt) und die inhaltliche durch die Alanus Hochschule in Alfter bei Bonn ergeben hat. Als Vertreter beider Institutionen war Prof. Dirk Randoll, der am 8.12.2021 kurz vor Fertigstellung der Studie unerwartet verstarb, an der Studie beteiligt (siehe Nachruf).

Als im Jahr 2007 die erste Waldorfschul-Absolventenstudie auf der Bildungsmesse Didacta vorgestellt wurde, hatte ich gegenüber dem Mitherausgeber Dirk Randoll der Studie zum Ausdruck gebracht, welchen Mut der Bund der Freien Waldorfschulen damit bewiesen habe. Zwangsläufig würden Licht und Schatten (in vorher nicht absehbarem Umfang) dokumentiert, was bei alternativen Schulformen und -pädagogiken, die sich in besonderer Weise gegenüber Kritik behaupten müssen, die Arbeit nicht leichter mache. Zum damaligen Zeitpunkt war der Montessori Dachverband Deutschland e. V. – der erste nationale Zusammenschluss der Montessori-Landesverbände und Ausbildungsorganisationen – gerade einmal drei Jahre alt. Er hätte sich die Durchführung einer Studie im Umfang der Waldorfabsolventenstudie nicht vorstellen können.

Als wir aber Ende des Jahres 2017 von der SAGSt gefragt wurden, ob wir Interesse hätten, uns an einer Absolvent:innen-Studie zu beteiligen, die mit der Alanus Hochschule geplant sei, hatte sich in der Zwischenzeit eine andere Ausgangslage ergeben:

- Der Verbandszusammenhalt der Montessori-Schulen hatte sich wesentlich verbessert.
- Als Ergebnis eines mehrjährigen Verbandsprojekts zur Qualitätssicherung und -entwicklung war gerade ein Qualitätsrahmen für die Montessori-Praxis und die Montessori-Ausbildung verabschiedet worden.
- Das Verbandsprojekt MONTESSORI 2020 zur Gründung eines neuen, professionell aufgestellten Verbands auf Bundesebene war in vollem Gange, u. a. mit den strategischen Zielsetzungen der Montessori-Profilbindung, der wissenschaftlichen Verankerung und der pädagogischen Nachwuchssicherung.

In dieser Situation passte eine Studie zur Evaluation der Praxis an Montessori-Schulen aus Sicht der Absolvent:innen perfekt, um der Montessori-Bewegung einen Spiegel vorzuhalten, in dem sie Erfolge und Herausforderungen klarer und belegbarer erkennen könnte, um daraus Handlungskonsequenzen abzuleiten.

Zwischenzeitlich waren wir von der Alanus Hochschule und der SAGSt eingeladen worden, an einer empirischen Studie zu Schulqualität und Lernerfahrungen mit dem Titel „*Bildungserfahrungen an Montessori-Schulen – Empirische Studie zu Schulqualität und Lernerfahrungen*" (Liebenwein/Barz/Randoll 2013) teilzunehmen. Diese Studie, die im Jahr 2013 publiziert wurde, basiert auf einer Befragung von und auf Interviews mit Schüler:innen, Eltern und Lehrkräften. Das Besondere an der Studie von Liebenwein, Barz und Randoll war die Möglichkeit, Daten durch vergleichbare Inhalte und Fragestellungen verfügbar zu haben, um diese z. B. im Kontext der Shell Jugendstudie zu analysieren. Die Ergebnisse waren in der Tendenz positiv, wobei die Stichprobe aus verschiedenen Gründen auch innerhalb der Montessori-Schulbewegung nicht optimal zusammengesetzt war. In jedem Fall gab es so bereits erste empirische Erkenntnisse, die in die nun vorliegende Absolvent:innen-Studie einfließen können.

Die Ergebnisse der vorliegenden Studie haben unsere Erwartungen mehr als erfüllt. Sie dienen in vielfacher Hinsicht als „Steilvorlage" für die Qualitätsentwicklung und auch für die Profilbildung/-schärfung der Montessori-Schulen – nicht nur für die Sekundarstufen, deren Absolvent:innen befragt wurden, sondern für alle anderen Einrichtungen einschließlich Montessori-Kinderhäusern und -Grundschulen, an denen die Umsetzung der Montessori-Pädagogik beginnt.

Nachruf auf Dirk Randoll
Jörg Boysen

Tragisch ist der plötzliche Tod von Dirk Randoll am 8.12.2021, kurz vor Fertigstellung der vorliegenden Publikation. Bei Nina Villwock und mir sind seine große Leistung im Rahmen der Befragung und bei der Auswertung der Ergebnisse besonders im Bewusstsein.

Als ehrenamtlicher Vorstand und Vater hatte er in den Gründungsjahren des *Montessori-Zentrums Hofheim* Praxiserfahrung mit der Montessori-Pädagogik. Durch die Beschäftigung mit der Absolvent:innen-Studie gewann er frische neue Einsichten im Sekundarbereich, die ihn beeindruckten.

Zusammen mit Heiner Barz veröffentlichte er im Jahr 2013 die bereits genannte empirische Studie „Schulqualität und Lernerfahrungen". Darüber hinaus war er Ansprechpartner bei der *Software AG – Stiftung* für die Medienmündigkeitsstudie, die wir aktuell gemeinsam mit Paula Bleckmann, ebenfalls Alanus Hochschule, durchführen. So hat er einen großen Beitrag geleistet zur empirischen Forschung der Montessori-Praxis in Deutschland.

Er war immer engagiert, zugewandt und unterstützend. Als kritischen, konstruktiven Sparring-Partner habe ich ihn sehr geschätzt. Unsere Diskussionen auf der Fahrt zu Treffen von wissenschaftlichen Beiräten an der Alanus Hochschule, von unserem gemeinsamen Wohnort Hofheim ausgehend, waren bereichernd.

Meine Montessori-Mitstreiter:innen und ich werden ihn vermissen.

Einleitung
Nina Villwock

Seit wir 2015 den ersten Abschlussjahrgang der Montessori-Sekundarschule im Main-Kinzig-Kreis in die Gesellschaft verabschiedet haben, stehen wir mit unseren ehemaligen Schüler:innen in regelmäßigem Kontakt und Austausch. Einmal im Jahr treffen wir uns mit dem Abschlussjahrgang des Vorjahres und evaluieren ihren weiteren Bildungs- und Lebensweg. Auf der Basis ihrer Rückmeldungen reflektieren wir unsere Arbeit und entwickeln die schulischen Inhalte und Angebote für die Jugendlichen kontinuierlich weiter.

Eine Studie durchzuführen, in der wir ehemalige Schüler:innen von Montessori-Schulen in ganz Deutschland nach ihren schulischen Erfahrungen fragen, hat mich sofort interessiert und ich habe gerne meine Beteiligung zugesagt.

Als Ausgangspunkt konnten wir den Fragebogen, den ehemalige Waldorfschüler:innen beantwortet hatten (Randoll/Peters 2021), nutzen und an unsere Fragestellungen sowie an die Grundlagen und Intentionen der Montessori-Pädagogik anpassen. Im Jahr 2019 wurde die als Online-Befragung konzipierte Erhebung dann durch die Alanus Hochschule, Fachbereich Bildungswissenschaft, unter der Verantwortung von Dirk Randoll und Jürgen Peters durchgeführt.

Als ich – im Rahmen der Publikationsplanung – die zweite Alumni-Studie mit ehemaligen Waldorfschüler:innen gelesen habe, ist mir erneut aufgefallen, wie unterschiedlich die beiden reformpädagogischen Bewegungen in der Bildungsforschung etabliert sind. Konnten die Herausgeber der Waldorfabsolvent:innen-Studie auf eine erste Befragung aus dem Jahr 2007 zurückgreifen (Barz/Randoll 2007) und Vergleiche herausarbeiten, ist die vorliegende die erste empirische Montessori-Alumni-Studie in Deutschland.

2.931 verwertbare Fragebögen aus der aktuellen Befragung ehemaliger Waldorfschüler:innen stehen 800 Fragebögen ehemaliger Montessori-Schüler:innen gegenüber. Waren einige der Waldorf-Alumni zum Erhebungszeitpunkt älter als 64 Jahre, sind die ältesten Montessori-Absolvent:innen gerade einmal 39 Jahre alt.

Historisch bedingt hat die Waldorfpädagogik in Deutschland wissenschaftliche Forschungen und einen hauptamtlich arbeitenden Bundesverband stärkend im Rücken. Das war mir zwar bereits durch meine Mitarbeit im Vorstandsteam des Montessori Bundesverbands und der Initiative MONTESSORI 2020 bekannt, wurde mir aber bei der Auseinandersetzung mit diesem Projekt noch einmal deutlich vor Augen geführt.

Montessori-Pädagogik ist heute eine globale und soziale Bildungsbewegung. Es gibt eine internationale Montessori-Vereinigung – Association Montessori Internationale (AMI) –, die das Erbe von Maria Montessori verwaltet und ihr Lebenswerk schützt. Im Rahmen des Annual General Meeting (AGM) in Amsterdam organisiert die AMI in regelmäßigen zeitlichen Abständen einen Research Day, an dem wissenschaftliche Studien vorgestellt und diskutiert werden. Aspekte dieser Studien sind universal, doch andere eher national und länderspezifisch, wie beispielsweise die Montessori-Alumni-Studie, die Ann Barrameda auf den Philippinen durchgeführt hat.

Im Jahr 2013 wurde in Deutschland eine erste wissenschaftliche Studie über diese Schulform mit dem Titel *„Bildungserfahrungen an Montessori-Schulen. Empirische Studie zu Schulqualität und Lernerfahrungen"* (Liebenwein/Barz/Randoll 2013) veröffentlicht, die sich jedoch in der Stichprobe von der in der aktuellen Studie Befragten deutlich unterscheidet. Bei der vorliegenden Untersuchung haben sich, mit Ausnahme einer Schule, ausschließlich ehemalige Montessori-Schüler:innen aus Schulen in freier Trägerschaft beteiligt.

Über die Antworten, die wir von den Ehemaligen erhalten haben, können sich alle beteiligten Schulen freuen. Seit vielen Jahren zeigen diese Schulen, wie eine kind- bzw. jugendgerechte Bildung im Sinne des Gemeinwohls gelingen kann. Längst sind die wissenschaftlichen Thesen, die die Anthropologin Dr. Maria Montessori aufgestellt hat, von Bildungsforscher:innen oder Neurowissenschaftler:innen bestätigt worden. Wie sonst kann man die folgenden Worte Maria Montessoris aus dem Jahr 1939 verstehen?

> „Das Bedürfnis nach einer Reform der höheren Schulbildung [...] stellt [...] auch ein menschliches und soziales Problem dar, das man folgendermaßen zusammenfassen kann: Die Schulen, so wie sie heute sind, sind weder den Bedürfnissen des jungen Menschen noch denen unserer jetzigen Epoche angepasst."[1]

Für mich klingen diese Worte immer noch aktuell. Von der geforderten Reform, von einer Schule ohne Noten, vom Lernen ohne Druck, von der Anerkennung des Individuums, von fächerübergreifendem Unterricht oder gelungener Inklusion sind wir in der traditionellen deutschen Bildungslandschaft, nicht nur aus meiner Sicht, nach wie vor weit entfernt. Montessori-Pädagogik und ihre Um-

---

1 Montessori, Maria (1966/2015): Von der Kindheit zur Jugend. Grundschule – Sekundarschule – Universität. (Bd. Gesammelte Werke Band 14). Freiburg, Basel, Wien: Herder, S. 99.

setzung in ganz Deutschland füllt eine Bildungslücke – private Träger, Eltern, Großeltern, Pädagog:innen und Erzieher:innen engagieren sich im Sinne des Gemeinwohls für alle Kinder und Jugendlichen und damit für die Zukunft unserer Gesellschaft.

Die Befragung der Absolvent:innen, über deren Befunde hier berichtet wird, fand im Jahr 2019 statt, doch erst im Jahr 2022 konnten wir die nun vorliegende Publikation realisieren. Dazwischen lag pandemiebedingt eine schwierige Zeit, die Schulen und Schulverbände vor außergewöhnliche Herausforderungen gestellt hat. Während die wissenschaftliche Auswertung und die Ergebnisse der Alanus Hochschule zeitnah zur Verfügung standen, hat die von mir übernommene Auswertung, Kommentierung und Diskussion der Befragungsergebnisse unter diesen besonderen Herausforderungen mehr Zeit in Anspruch genommen als ursprünglich geplant. In den Zeiten der Pandemie musste die Planung von Hygienemaßnahmen, die Umsetzung kurzfristiger Handlungsvorgaben, die Organisation der Schüler:innen-Selbsttests oder anderer Vorgaben des Kultusministeriums Vorrang haben.

Anfang Dezember 2021 ließ uns dann die Nachricht vom plötzlichen Tod von Dirk Randoll innehalten. Das abrupte Ende der gemeinsamen Arbeit musste von uns emotional verarbeitet werden. Wir ließen das Manuskript so lange ruhen, bis uns eine Weiterarbeit daran wieder möglich war.

Doch die zeitliche Verzögerung ändert nichts an der Aktualität der Studienergebnisse. Sie sind, mit einer Ausnahme, nach wie vor gültig: Ein bedeutsamer Teil der 800 Studienteilnehmer:innen sah 2019 in dem Themengebiet „Digitalisierung" eine wichtige, zukünftige Herausforderung für Montessori-Schulen. Die Erfahrungen, die die Absolvent:innen der Abschlussjahrgänge 2020 und 2021 in Sachen Digitalisierungsschub an ihren Schulen gemacht haben, fließen naturgemäß nicht in Zusammenfassung, Diskussion oder Handlungsableitungen aus den Ergebnissen der nun vorliegenden Studie ein. Sie bleiben eine Fragestellung für weitere Untersuchungen.

Auch wenn die vorliegende Zufallsstichprobe ohne Anspruch auf Repräsentativität auskommen muss, ist sie aus meiner Sicht eine motivierende Grundlage, um an der Entwicklung und Qualitätssicherung der Montessori-Pädagogik in Deutschland weiterzuarbeiten. Selbstbewusst berichten die Montessori-Schüler:innen vom Einfluss, den die Montessori-Schule auf ihre persönliche Entwicklung hatte, und welche Elemente der Montessori-Pädagogik sie heute – auch in Bezug auf ihre aktuelle Lebenssituation – für wichtig halten. Zudem beschreiben sie ausführlich, was sie an ihrem Schulbesuch positiv und was negativ empfunden haben und welche Herausforderungen sie für die Montessori-Schule von morgen sehen.

Im ersten Teil dieser Publikation findet sich einleitend Wissenswertes über die Entwicklung der Montessori-Pädagogik in Deutschland. Damit soll bereits eine Forderung der Absolvent:innen erfüllt werden: die Öffentlichkeit über Montessori-Pädagogik und deren Menschenbild aufzuklären und besser zu informieren. Als wertvolle Stimme formuliert Jörg Boysen, Vorsitzender des Montessori Bundesverbands und wichtigster Initiator und Akteur von MONTESSORI 2020, in Kapitel 13 konkrete Handlungsanleitungen, die sich aus den Befragungsergebnissen ergeben.

Besonders herausragend finde ich die zahlreichen Danksagungen, die die Montessori-Schüler:innen auf die offene Abschlussfrage *"Möchten Sie uns noch abschließend [...] Ergänzungen zu Ihren Erfahrungen an der Montessori-Schule mitteilen?"*[2] formuliert haben. Stellvertretend für alle habe ich die folgende ausgewählt: *"Wenn alle Schulen in Deutschland (oder überall) Montessorischulen wären, wären viele Probleme gelöst."*

Ein herzliches Dankeschön an alle 800 Montessori-Schüler:innen, die sich die Zeit genommen haben, die Fragen zu beantworten und uns damit wertvolle Rückmeldungen zu geben.

---

2   Siehe Fragebogen, Frage 27 https://www.montessori-deutschland.de/absolventenstudie-2022.

1 Entwicklung der Montessori-Pädagogik allgemein und in Deutschland

Jörg Boysen

1.1 Allgemeine Entwicklung

Die Montessori-Pädagogik bietet einen konsequent am Kind orientierten Weg des Lernens. Alle geistigen, motorischen und sozial-emotionalen Begabungen des Kindes werden in gleichem Maße anerkannt. Zentrales Ziel ist, Selbstwirksamkeitserfahrungen zu ermöglichen, die angeborene kindliche Neugier zu erhalten und dabei jedes einzelne Kind individuell zu betrachten. In diesem Sinne setzt die Montessori-Pädagogik auf Eigenaktivität, Selbständigkeit und Unabhängigkeit der Lernenden. Individuelle Betrachtung bedeutet, insbesondere auf die unterschiedlichen Bedürfnisse und Fähigkeiten von Kindern und Jugendlichen einzugehen. Sie bildet einen wichtigen Beitrag zur Umsetzung der Inklusion.

Der Fokus der pädagogischen Arbeit liegt auf der Entwicklung der Persönlichkeit eines jeden Kindes und Jugendlichen sowie der Entfaltung individueller Potenziale. Das zugrunde liegende pädagogische Konzept geht von vier Entwicklungsphasen für Kinder und Jugendliche aus, in denen es spezifische Entwicklungsbedürfnisse und sensible Phasen gibt. In den sensiblen Phasen, die von Kind zu Kind unterschiedlich verlaufen können, sind Kinder und Jugendliche besonders fähig und bereit, bestimmte Dinge zu erlernen.

Individuelle Potenziale können insbesondere durch Altersmischung, den konsequenten Verzicht auf einen künstlichen Fächerkanon und (je nach schulrechtlicher Möglichkeit) die Anwendung entwicklungsorientierter Methoden von Dokumentation, Reflexion und Bewertung des Entwicklungs- und Lernprozesses (als Alternative zur Notengebung) entfaltet werden. Die gemeinsame Reflexion über Stärken und Schwächen, Ziele und Mittel ersetzt hierbei die alleinige Beurteilung durch Pädagog:innen.

Werte wie ein respektvoller und friedvoller Umgang miteinander, die Achtung von Natur und Umwelt und die Würdigung des Beitrags jedes und jeder Einzelnen für die Gemeinschaft stehen im Zentrum. Durch die positive Entwicklung jedes einzelnen Kindes und Jugendlichen soll es insgesamt zu einer nachhaltigen Verbesserung der Gesellschaft im Sinne einer „nazione unica"[3] kommen.

So ist die Montessori-Pädagogik ein Oberbegriff für umfassende, in der Praxis und für die Praxis ausgearbeitete pädagogische Konzepte. Trotzdem ist sie kein geschlossenes System, sondern offen für Aktualisierung und Weiterentwicklung.

1.1.1 Reformpädagogischer Aufbruch und Montessoris Erkenntnisse

Ende des 19. Jahrhunderts entwickelte sich, neben anderen Strömungen, die vehemente Kritik am Erziehungswesen und der damit einhergehenden Bildungspolitik. Die unterschiedlichen Konzepte für eine neue Erziehung wurden unter dem Begriff „Reformpädagogik" zusammengefasst. Der Kindheit wurde ein Eigenwert zugestanden, zu der ein eigener Lebensabschnitt gehört. Das Hauptziel der reformpädagogischen Erziehung war die Ausbildung und optimale Förderung der kindlichen Persönlichkeit, nicht wie bisher der Erwerb von abfragbarem Wissen. Zu internationaler Geltung gelangten hierbei insbesondere John Dewey (1859–1952), Celestin Freinet (1896–1966), Peter Petersen (1884–1952), Rudolf Steiner (1861–1925) und eben Maria Montessori (1870–1952).

Montessori wies darauf hin, dass Erwachsene aufgrund eigener Unwissenheit und Vorurteile oft glauben, sie könnten das Lernen und neues Verhalten eines Kindes „erzeugen". Die Entwicklung eines Kindes zu begreifen, erfordere jedoch eine Betrachtungsweise, in der sich eine bedingungslose Liebe zum Kind mit wissenschaftlichen – z. B. biologischen, psychologischen und soziologischen – Blickwinkeln verbindet. Erst aus der Sicht einer solch umfassenden Anthropologie des Kindes sei es möglich, das wahre, das von Vorurteilen befreite Kind zu erkennen.

Hierauf aufbauend, waren unter anderen folgende Entdeckungen Montessoris für ihre Pädagogik prägend:

---

[3] „Die früheste schriftliche Erwähnung von nazione unica geht auf die 1930er Jahre zurück. Sie findet sich in der Ansprache, die Maria Montessori anlässlich des Europäischen Friedenskongresses in Brüssel am 3.09.1936 hielt. Diese Ansprache wurde in ihrem Buch: Education and Peace veröffentlicht. In italienischer Sprache sagt Montessori damals: „Tutti noi formiamo un solo organism, one nation." In englischer Übersetzung heißt es: „We are all a single organism, one nation." Die Idee, dass die ganze Menschheit einen einzigen Organismus bildet, vertritt Montessori immer, wenn sie von la nazione unica spricht, und das stets im Kontext von Friedensaufbau." Eckert/Fehrer (2015), S. 167.

- Sie erkannte den Erziehungs- und Bildungsprozess primär als ein Selbstwerk des Kindes, aus einem inneren Bauplan heraus. Deshalb nennt Montessori das Kind auch Baumeister des zukünftigen Menschen.
- Sie entdeckte, dass Kinder nicht alles zu jeder Zeit und in gleicher Weise lernen, sondern so genannte Sensible Phasen – Entwicklungsabschnitte großer Offenheit und deutlich spezifischen Lernens z. B. für Sprache, Bewegung, Sozialverhalten, Moral, Intelligenz usw. – beschrieben werden können.
- Sie beobachtete bei Kindern eine lang andauernde Konzentrationsfähigkeit (Polarisation der Aufmerksamkeit), für Montessori der Ausdruck einer unter bestimmten Voraussetzungen spontan einsetzenden individuellen Entwicklungs- und Lernaktivität (Selbstwerk des Kindes).
- Sie war begeistert von der unbändigen Lernfreude, Kreativität, Sinnlichkeit und Heiterkeit der Kinder beim Lernen, und auch dadurch von der kindlichen Entwicklung fasziniert.

Das Selbstwerk des Kindes und damit dessen unabhängige und mündige Persönlichkeit zu fördern, waren und sind zentrale Anliegen der Montessori-Pädagogik. Lernen wird dabei weniger durch pädagogisches „Einreden", sondern durch die Anleitung zur Selbsttätigkeit bewirkt („Hilf mir, es selbst zu tun." – hinführend zum Jugendalter: „Hilf uns, es selbst zu tun.").

1.1.2 Montessoris Erziehungs- und Bildungskonzeption

Hieraus abgeleitet entwickelte Montessori eine Erziehungs- und Bildungskonzeption, in der folgende Begriffe zentral sind:
- das pädagogische Prinzip von „Freiheit und (Selbst-)Disziplin" (vorrangig in der 1. Entwicklungsphase),
- „Freiheit und Verantwortung" (2. Entwicklungsphase),
- die Erziehung zur Sachlichkeit,
- eine Ganzheitlichkeit sowie
- Verantwortlichkeit bzw. Sittlichkeit.

Die pädagogischen Prinzipien von „Freiheit und (Selbst-)Disziplin" und „Freiheit und Verantwortung" dienen der Balance zum einen von einer pädagogisch zu verantwortenden Entwicklungs- bzw. Wahlfreiheit im Lernen als Basis für eine volle Entfaltung persönlicher Individualität und Kreativität (Freiheit zur Selbstverwirklichung) und zum anderen den sozialen und moralischen Bindungen konkreter Lebens- und Lernbedingungen.

Im Sinne einer Erziehung zur Sachlichkeit entwickeln Kinder nach Montessori ihre vielfältigen und individuellen Kompetenzen nur durch die Auseinandersetzung mit der Realität bzw. Sachwelt wie z. B. Sprachen, Naturwissenschaften, Mathematik und Kunst. Auf jeder Stufe seiner Entwicklung sollen dem Kind individuelle Aufgaben bzw. Bildungsangebote gemacht werden.

Maria Montessori setzt gegen ein Lernen ohne innere Zusammenhänge das Prinzip der Ganzheitlichkeit, den Entwurf einer geordneten Weltsicht, an dem Kinder sich orientieren und so zu einer Welt- und Selbsterkenntnis befähigt werden können. Sie erschließen sich so ein Verständnis über die Lebensgrundlagen und die Wirksamkeit von Zusammenhängen in Natur, Kultur, Gesellschaft usw.

Auf dem Fundament des Wissens um sachliche Lebens- und Wirklichkeitszusammenhänge muss nach Montessori auch ein verantwortliches, moralisch wie demokratisch begründetes Handeln stehen. Der von ihrer christlichen Herkunft und ihren Erfahrungen aus Indien her begründete Schutz des Lebens sowie die Erhaltung und Pflege der natürlichen Lebensgrundlagen (ökologische Bildung und Verantwortung) gehören ebenso dazu wie die Friedenserziehung.

1.1.3 Bedeutung für das moderne Bildungswesen

In ihrem beeindruckend produktiven und bewegten Leben hat Maria Montessori die nach ihr benannte Reformpädagogik erschaffen und darüber hinaus als Frauen- und Sozialrechtlerin wichtige Akzente gesetzt. Ihr Interesse galt nicht nur der Reform der Institutionen, sondern der Erziehung allgemein – von der Geburt bis zum Erwachsenenalter.

Ihre Pädagogik hat weltweite Beachtung und Verbreitung gefunden, weil sie
- die Grundlagen legte für einen neuen, umfassenden Blick der Erwachsenen auf die Kinder,
- von Weltanschauung, Religion und kulturellem Umfeld unabhängige sowie wertfreie Erkenntnisse über die Entwicklung des Menschen bis zum Erwachsenenalter und über das kindliche Lernen gewonnen hat,
- hieraus eine in der Praxis bewährte Erziehungs- und Bildungskonzeption entwickelte,
- eine neue Ausrichtung in der Ausbildung von Pädagog:innen anstieß und
- eine neue Organisation der Erziehungs- und Bildungsinstitutionen entwarf, von der Frühen Bildung bis zur Eingliederung in das Berufsleben.

Montessori-Pädagogik lebt von der alltäglichen Praxis in den Kinderhäusern, Grund- und Sekundarschulen. Sie ist offen, entwickelt sich ständig weiter und lässt viele Deutungs- und Interpretationsmöglichkeiten zu.

Montessoris Erziehungs- und Bildungskonzeption ist am wirkungsvollsten in altersgemischten Lerngruppen in einem nach Altersgruppen abgestuften System von Bildungseinrichtungen verwirklicht, in denen die Kinder und Jugendlichen eine entwicklungsangemessene, vorbereitete Umgebung vorfinden.

In Deutschland hat die Pädagogik Maria Montessoris, unabhängig von der Bildungsdiskussion seit PISA, im Laufe der letzten Jahrzehnte bereits vielfältige innovative Auswirkungen auf die Arbeit in Kindertagesstätten, Schulen und in der Sonderpädagogik gehabt. Teilweise in Vergessenheit geratene Ansätze wurden in den Bildungs- und Erziehungsplänen, z. B. für Bayern oder Hessen, wieder aufgegriffen.

Im Regelschulsystem zeigen sich deutliche, wenn auch nicht weit verbreitete Auswirkungen:
- Man geht weg vom Frontalunterricht hin zu einem offeneren und demokratischeren Unterricht, in dem das individuelle, kreative Lernen sowie die Begabungen des einzelnen Kindes im Vordergrund stehen.
- Es gibt schriftliche individuelle Beurteilungen statt Noten, zumindest in der Grundschule.

Bei der Suche nach Antworten auf die Frage, wie Bildung, Früherziehung und Schule im Hinblick auf unsere neue Lebens- und Berufswelt (z. B. die multikulturelle Wirklichkeit) „neu zu denken" sind, zeigt sich ebenfalls, dass die Montessori-Pädagogik konzeptionell bereits heute relevante Forderungen erfüllt. Bezogen auf die 1. Entwicklungsphase sind das beispielsweise:
- frühe sensomotorische Förderung (z. B. zur Förderung der Sinne und zum Schreibenlernen),
- frühsprachliche wie fremdsprachliche Förderung,
- frühe mathematische Förderung,
- frühe naturwissenschaftliche und kognitiv-intellektuelle Förderung,
- frühe Einübung von musisch-kreativen Kompetenzen,
- frühe Sozialerziehung auf demokratischer Basis,
- Hinführung zu den Kulturtechniken (Lesen, Schreiben, Rechnen usw. sind traditionelle Elemente der Montessori-Didaktik im Kinderhaus für 3- bis 6-Jährige).

Darüber hinaus bieten die Elemente dieser Pädagogik entscheidende Vorteile, auch und gerade wenn es um die Förderung sozialer Fähigkeiten geht:

- Das Konzept der Kosmischen Erziehung[4] für die 2. Entwicklungsphase (6 bis 12 Jahre) bietet als fachübergreifendes Bildungskonzept eine praktikable didaktische Grundlage für eine Erziehung zu Sachlichkeit, Ganzheitlichkeit und Verantwortlichkeit. Darin nimmt eine ökologische Bildung, die neben naturgegebenen Zusammenhängen auch den Schutz und die Erhaltung der natürlichen Lebensgrundlagen zum Inhalt hat, einen hohen Stellenwert ein.
- Die Friedenserziehung gehört zu den Grundbestandteilen der Montessori-Pädagogik und durchzieht sie wie ein roter Faden. Dabei geht es nicht nur um ein neues Verhältnis von Starken und Schwachen, Eltern bzw. Pädagog:innen und Kindern, sondern vor allem um eine Erziehung zu Liebe, Gerechtigkeit und Harmonie/Kooperation, also um die Zukunft und das Überleben der Menschheit in einer Welt – von Maria Montessori „nazione unica" genannt.

1.2 Montessori in Deutschland

Die Montessori-Pädagogik hat in Deutschland eine lange Tradition. Sie war bereits zwischen den Weltkriegen weithin anerkannt, hat aber seit den 1950er Jahren eine größere Akzeptanz erreicht und ist stetig gewachsen. Heute gibt es in Deutschland Hunderte von Montessori-Bildungseinrichtungen, vom Kleinkindalter bis zur weiterführenden Schule. Jedes Jahr nehmen mehr als 800 Pädagog:innen an einem neuen Montessori-Ausbildungskurs teil.

Der Stellenwert der Montessori-Pädagogik in Deutschland wird ausgedrückt durch das Entstehen einer weltweit einmaligen wissenschaftlichen Werkausgabe. Sie präsentiert eine großenteils neue Übersetzung sämtlicher Werke sowie eine Vielzahl unveröffentlichter Schriften.[5]

---

4 Maria Montessori, die ihr Konzept zur Kosmischen Erziehung erstmals im Jahr 1935 vorgestellt hat, entwickelte die Auffassung, dass die Gesamtheit der Natur – sowohl die belebte als auch die unbelebte – seit der Entstehung des Universums bis in die heutige Zeit hinein einem einheitlichen „Kosmischen Plan" folgt, dessen Bestandteile in gegenseitiger Abhängigkeit zueinander stehen. In der Montessori-Pädagogik geht es bei der Kosmischen Erziehung deshalb vor allem darum, Kinder dabei zu unterstützen, ihren Platz im „großen Ganzen", d. h. in der Welt zu finden. Weiß das Kind um seinen eigenen „Standpunkt" in der Welt, wird ihm in der Regel auch die Verantwortung, die es durch sein Handeln in dieser Welt hat, bewusst.
5 Ludwig, Harald (Hrsg.) (2010 ff.): Maria Montessori - Gesammelte Werke. Freiburg: Herder.

1.2.1 Deutsche Montessori-Anfänge 1913–1936

Drei italienischsprachige Berlinerinnen, Hilde Hecker, Else Ochs und Elisabeth Schwarz, nahmen in den Jahren 1913 und 1914 am 2. Internationalen Kurs von Maria Montessori teil und inspirierten die Lehrerin Clara Grunwald mit den Ideen Montessoris. Nachdem sie die Montessori-Ausbildung in London besucht hatte, half Grunwald im Jahr 1923 bei der Durchführung des ersten deutschen Montessori-Ausbildungskurses. Sie gründete im Jahr 1919 das Montessori-Komitee, das Kinderhäuser für deutsche Arbeiterfamilien einrichtete und aus dem im Jahr 1925 die Deutsche Montessori Gesellschaft hervorging, deren Präsidentin Grunwald war (Günnigmann 1979). Bereits in den 1920er Jahren breitete sich die Montessori-Idee auf die öffentlichen Volksschulen in Deutschland aus: Im Jahr 1926 eröffnete die erste Montessori-Klasse in Berlin, weitere Schulklassen folgten an Volksschulen in Lichtenberg und Wedding sowie an einer privaten Montessori-Schule im Stadtteil Dahlem (O'Donnell 2014).

Die Bewunderung für Maria Montessori und ihre Ideen war in Deutschland nicht universell. Montessoris Anhänger kamen vor allem aus katholischen und jüdischen Kreisen, während sozialistische Kreise die Montessori-Pädagogik eher ablehnten. Ebenfalls polarisierend wirkte eine aufkommende Debatte zwischen Montessori-Befürworter:innen und der Fröbel-Bewegung, die alle kindlichen Aktivitäten als Spiel interpretierte und damit in Opposition zu Montessoris Konzept des arbeitenden Kindes stand. Darüber hinaus war die Beziehung zwischen Maria Montessori und Clara Grunwald ab etwa dem Jahr 1929 aufgrund der Kontrolle der Ausbildungskurse zunehmend angespannt und lähmte die deutsche Montessori-Pädagogik von innen heraus. Maria Montessori spaltete einen konkurrierenden Verein, den Verein Montessori-Pädagogik Deutschland, ab und schloss Grunwald aus. Bis zum Jahr 1933/34 zählte dieser Verein 24 Kinderhäuser und zwölf Montessori-Volksschulen (Günnigmann 1979).

Die anhaltende Bedeutung Deutschlands für die Montessori-Bewegung in den 1920er Jahren zeigt sich in der Gründung der Association Montessori Internationale (AMI) in Berlin im Jahr 1929, deren Sitz allerdings bald von Berlin über London nach Amsterdam verlegt wurde, wo er sich noch heute befindet (O'Donnell 2014). Spätestens im Jahr 1936 wurden alle Montessori-Einrichtungen auf Weisung der nationalsozialistischen Politik geschlossen. Clara Grunwald starb zusammen mit den von ihr betreuten Kindern in Auschwitz (Holtz 1995).

1.2.2 Renaissance der Montessori-Pädagogik nach 1945

Die Ausbreitung der Montessori-Bewegung in Deutschland nach dem Zweiten Weltkrieg umfasste zunächst mehrere parallele, voneinander abhängige Initiativen: die Pädagog:innenausbildung, die Etablierung von Montessori-Bildungseinrichtungen, Montessori in der Wissenschaft und schließlich die Verbandsarbeit auf Bundesebene. Aus Gründen der Übersichtlichkeit werden diese vier Themen nacheinander behandelt. In der Praxis waren natürlich dieselben Schlüsselinstitutionen und -personen an zahlreichen Aktivitäten beteiligt, während die Bewegung wuchs.

1.2.3 Ausbildung von Montessori-Pädagog:innen

Montessori-Pädagog:innen erhalten berufsbegleitende Zusatzausbildungen („Montessori-Ausbildung") als Ergänzung ihrer staatlichen Berufsabschlüsse zur Vorbereitung auf die pädagogische Praxis. Diese Zusatzausbildungen werden von „Ausbildungsorganisationen" angeboten, die eigene Kurskonzepte entwickeln und die einzelnen Kurse dann entweder selbst oder durch lizenzierte Kursanbieter durchführen lassen. Die Kurse werden von Dozent:innen der Ausbildungsorganisationen durchgeführt, ergänzt durch Expert:innen für Einzelthemen. So haben die Ausbildungsorganisationen unter anderem die Aufgabe, Pädagog:innen als Dozent:innen für die Kurse aus- und weiterzubilden und so zu qualifizieren.

Angefangen hat diese Tradition Maria Montessori, die kurz vor ihrem Tod im Jahr 1952 ihren Sohn Mario ermutigte, in Deutschland wieder eine Affiliierte Gesellschaft der AMI zu gründen. Mit der Unterstützung von Margarete Aurin und Helene Helming – zwei Lehrerinnen, die vor dem Krieg von Maria Montessori ausgebildet worden waren – und Paul Scheid gründeten sie 1952 auf dem ersten deutschen Montessori-Kongress die Deutsche Montessori Gesellschaft (DMG) neu. Die DMG führte im Jahr 1954 ihren ersten Ausbildungskurs in Frankfurt am Main durch, unter der Leitung von Mario Montessori, als „internationalen Kurs" für die Altersgruppe 3-7 – auch um der Nachfrage nach einer Montessori-Ausbildung im Grundschulbereich gerecht zu werden. Fast zeitgleich wurden zwei regionale Gruppen innerhalb der DMG gegründet. Eine davon, die Deutsche Montessori-Vereinigung (DMV), wurde im Jahr 1962 zu einer selbständigen Ausbildungsorganisation, die damit auch Affiliierte Gesellschaft der AMI wurde. Diese Organisationen führten Ausbildungskurse durch, die zunächst unmittelbar von Mario Montessori und der AMI autorisiert waren. Beide arbeiten inzwischen mit eigenen lizenzierten Kursen und Dozent:innen.

Mario Montessori spielte auch eine bedeutende Rolle bei der Entwicklung der Montessori-Ausbildung und -Schulen für Kinder mit besonderen Bedürfnissen, was als „Münchner Montessori-Modell" bekannt wurde. Zusammen mit Margarete Aurin gründete der Münchner Arzt Theodor Hellbrügge, der Begründer der modernen Sozialpädiatrie, an seinem medizinischen Institut „Aktion Sonnenschein" ein Kinderzentrum mit Kindergarten und, später, eine Grundschule für Kinder mit besonderen Bedürfnissen. Nachdem er Mario Montessori aufgesucht hatte, lud Hellbrügge diesen 1970/71 erfolgreich ein, einen internationalen Ausbildungskurs in München zu leiten. Mit Mario Montessoris Unterstützung entwickelten Hellbrügge und Aurin den AMI Montessori Special Education Course, der 1976/77 zum ersten Mal stattfand.

Viele von Hellbrügges Mitarbeitenden gründeten Schulen und Ausbildungsorganisationen, die heute fast alle Mitglieder im Montessori Bundesverband Deutschland sind. Claus-Dieter Kaul gründete im Jahr 1991 das Institut für ganzheitliches Lernen, das später in Montessori Biberkor aufging. Maria Roth baute 1998 das AMI-Ausbildungszentrum München auf. Ingeborg Müller-Hohagen und Christa Kaminski gründeten im Jahr 1998 die Bildungsakademie des Montessori Landesverbands Bayern. Nach der deutschen Wiedervereinigung 1990 gründete Friedemann Schulze die Aktion Sonnenschein Thüringen, die seit 2012 Montessori-Ausbildungskurse in Erfurt anbietet. Alle diese Ausbildungseinrichtungen führen bis heute Montessori-Kurse durch, deren Lehrpläne auf den Kursen der Aktion Sonnenschein basieren oder von ihnen inspiriert sind. Ein Ausbildungsprogramm der Heilpädagogischen Vereinigung (HPV) mit ähnlicher Ausrichtung, aber DMG-Wurzeln, veranstaltete seinen ersten Kurs 1988/89 unter der Leitung von Hildegard Lippert, Ingrid Geßlein und Armin Müller. Hieraus entstand das von Gritje Zerndt im Jahr 2012 gegründete Montessori-Labor Berlin.

Im Jahr 1999 fand der erste deutschsprachige AMI-Trainingskurs für 6- bis 12-jährige Kinder statt, von Peter Gebhardt-Seele nach seiner Rückkehr aus den USA geleitet. Damit brachte er die Standards und das Wissen der AMI-Trainingskurse zurück nach Deutschland und hatte einen wichtigen Einfluss auf die Weiterentwicklung der Montessori-Pädagogik. Dies führte u. a. zur Gründung des Vereins Deutschsprachige AMI-Pädagogen e. V. (DAMIP) durch Absolvent:innen von AMI-Kursen.

Eine Herausforderung bei der Entwicklung so vieler Montessori-Ausbildungsprogramme in Deutschland ist, dass das Curriculum und die Abschlüsse in Deutschland nicht geregelt sind. Wie beschrieben, basierten die deutschen Montessori-Ausbildungskurse zunächst auf AMI-Kursen aus den 1950er bzw. 1970er Jahren. Diese deutschen Kurse setzten sich im Laufe der Zeit durch und lösten den Zusammenhang mit der Weiterentwicklung der AMI-Lehrgänge außerhalb Deutschlands auf. DMG, DMV und HPV einigten sich Ende der 1990er Jahre auf die Vereinheitlichung ihrer damaligen „nationalen" Diplom-Ausbildungskurse.

Mit der Verbesserung der nationalen und internationalen Kontakte in den letzten zwei Jahrzehnten wurden die Ausbildungsorganisationen auf die frühe Kindheit (0 bis 3 Jahre), die Kosmische Erziehung für die 2. Entwicklungsphase und die „Erdkinder"-Bauernhofschulen für Jugendliche in den USA und in anderen Teilen Europas aufmerksam. Insgesamt führte dies zu einer Modernisierung der Curricula der Montessori-Ausbildungsgänge und zu einer verstärkten Ausrichtung auf altersgruppenspezifische Montessori-Qualifikationen.

1.2.4 Gründung von Montessori-Schulen

Wie bei den Ausbildungskursen waren Pädagog:innen, die in den 1920er und frühen 1930er Jahren ausgebildet wurden, federführend bei der Gründung von Montessori-Bildungseinrichtungen. Margarete Aurin beispielsweise gründete im Jahr 1946 eine Montessori-Schule im sowjetischen Teil Berlins, die allerdings nur kurz bestand, bevor sie nach West-Berlin fliehen musste. Im britisch kontrollierten Berlin wurde Irene Dietrichs Schule, die im Jahr 1947 eröffnet wurde, von den Besatzungsbehörden mit Begeisterung aufgenommen (O'Donnell 2014). Erste Schulen entstanden in dieser Zeit auch in Nordrhein-Westfalen (Günnigmann 1979).

Montessori-Klassen oder -Schulen der Primarstufe entwickelten sich vor allem im staatlichen Schulsystem in Nordrhein-Westfalen, in gewissem Umfang auch in Baden-Württemberg und Berlin. Die meisten Bundesländer zogen und ziehen die Montessori-Pädagogik für eine staatliche Schule nicht in Betracht, da dies nach eigener Argumentation die Wahlfreiheit der Eltern einschränken würde. Staatliche Schulen haben einen großen Spielraum bei der Kombination von Aspekten der Montessori-Pädagogik mit anderen pädagogischen Konzepten, wodurch zwar Montessori-Ideen verbreitet werden. Gleichzeitig droht die Wirksamkeit der Montessori-Pädagogik aber bei fragmentarischer Umsetzung verwässert zu werden.

Die expandierende Kindergartenbewegung in den 1960er und 1970er Jahren trug dazu bei, die Zahl der deutschen Montessori-Bildungseinrichtungen zu erhöhen, und seit Mitte der 1980er Jahre haben die von Elterninitiativen gegründeten Montessori-Einrichtungen in freier Trägerschaft erheblich zugenommen. Montessori-Kinderhäuser und -Schulen sind nun in allen Bundesländern zu finden. Bayern ist mit über 100 Einrichtungsträgern führend, von denen viele die frühkindliche Erziehung und bis zur Sekundarstufe I, teilweise darüber hinaus. Es folgen regionale Montessori-Verbände, die inzwischen 14 Bundesländer abdecken; nur Sachsen-Anhalt und Mecklenburg-Vorpommern sind noch ohne Landesverband.

Die Ausbreitung von Montessori an Schulen in freier Trägerschaft stellt sowohl Herausforderungen als auch Chancen für die Montessori-Pädagogik dar. Zum einen ist Montessori in Deutschland kein geschütztes Markenzeichen, sodass es keine rechtlichen Einschränkungen für die Kennzeichnung von Bildungseinrichtungen als „montessoriorientiert" gibt. Je nach regionaler Entwicklung der Montessori-Pädagogik haben Montessori-Schulen einen eher elitären Ruf oder werden im anderen Extrem als Schulen gesehen, die sich stark auf Kinder mit besonderen Bedürfnissen konzentrieren. In Anbetracht des Nischenstatus, den sie in der Praxis hat, ist das Image der Montessori-Pädagogik in Deutschland jedoch insgesamt positiv, wenn auch etwas unscharf.

1.2.5 Montessori-Pädagogik im akademischen Bereich

Parallel zum Wachstum der Montessori-Ausbildungsorganisationen und -Bildungseinrichtungen haben sich seit den 1950er und 1960er Jahren eine Reihe von deutschen Akademiker:innen auf die Montessori-Forschung und -Praxis spezialisiert, beginnend mit Helene Helming an der Pädagogischen Hochschule Essen. An der Spitze stand das Wissenschaftliche Zentrum für Montessori-Pädagogik an der Universität Münster (heute Montessori-Zentrum Münster), mit einer Reihe von auf Montessori spezialisierten Wissenschaftler:innen: Günter Schulz-Benesch, Paul Oswald, Hildegard Holtstiege und Harald Ludwig. Diese und andere Wissenschaftler:innen sind jedoch im Ruhestand oder verstorben, mit Ausnahme von Ludwig, der die laufende Herausgabe einer wissenschaftlichen Gesamtausgabe von Montessoris Schriften in Zusammenarbeit mit dem Montessori-Zentrum Münster, dem Herder-Verlag und der AMI leitet.

1.2.6 Zusammenarbeit auf nationaler Ebene

Angesichts der Ausweitung der Ausbildungskurse und der Bildungseinrichtungen sahen Ausbildungsorganisationen und Träger-/Fördervereine schon früh die Notwendigkeit, sich auf nationaler Ebene zu koordinieren und zusammenzuarbeiten. Die Aktionsgemeinschaft deutscher Montessori-Vereine (ADMV) wurde im Jahr 1971 gegründet und brachte Schulen, Ausbildungsorganisationen und regionale Verbände zusammen.

Im Jahr 2004 wurde die ADMV in den Montessori Dachverband Deutschland (MDD) umgewandelt. Nachdem im Jahr 2011 ein Versuch gescheitert war, eine breitere Einigung zur Reform der Ausbildungskurse zu erreichen, entwickelten der MDD und seine Mitgliedsorganisationen einen Qualitätsrahmen mit Kriterien sowohl für Montessori-Bildungseinrichtungen als auch für die Montessori-Ausbildung. Der MDD war im Jahr 2018 die dritte deutsche Gesellschaft, die von der AMI als „Affiliierte Gesellschaft" anerkannt wurde, wobei die Anerkennung des Qualitätsrahmens durch die AMI ein wesentliches Element der Mitgliedschaft ist. Im Jahr 2021 wurde der MDD in den Montessori Bundesverband Deutschland e. V. mit Sitz in Berlin umgewandelt, mit professionellem Personal und zusätzlicher direkter Mitgliedschaft von Bildungseinrichtungen. Ein QR-Anerkennungsverfahren ermöglicht Bildungseinrichtungen und Ausbildungsorganisationen, die Einhaltung der Kriterien des Qualitätsrahmens zu dokumentieren und zu demonstrieren, und trägt so zur Schaffung einer deutschen „Montessori-Qualitätsmarke" bei.

2 Intentionen der Untersuchung und methodisches Vorgehen

Dirk Randoll

Ziel der vorliegenden Untersuchung ist es, Anhaltspunkte darüber zu gewinnen, wie der Besuch einer Montessori-Schule in der Retrospektive von ehemaligen Schüler:innen wahrgenommen und beurteilt wird und welche Spuren er in ihrem Leben hinterlassen hat. Die Studie basiert auf einer Onlinebefragung, an der alle Absolvent:innen von Montessori-Schulen aus Deutschland teilnehmen konnten, die von ihrer Schule per E-Mail persönlich angeschrieben werden konnten. Die Koordination der Fragebogenerhebung erfolgte über den Montessori Bundesverband.[6] Voraussetzung für die Teilnahme an der Befragung war demnach die Existenz einer Ehemaligendatei, die an den jeweiligen Schulen unterschiedlich intensiv gepflegt und aktualisiert werden dürfte. Inwieweit sich in den Adressdateien z. B. auch „enttäuschte Aussteiger:innen" befinden, ist schwer zu beurteilen, aber eher unwahrscheinlich, da diese vermutlich nicht den Kontakt zur Schule halten. Insofern handelt es sich bei dieser Erhebung um die Befragung einer Zufallsstichprobe, die keinen Anspruch auf Repräsentativität erheben kann.

Der dieser Untersuchung zugrunde liegende Fragebogen orientiert sich sowohl inhaltlich wie auch strukturell an dem von Dirk Randoll, Jürgen Peters und Ines Graudenz für die Befragung ehemaliger Waldorfschüler:innen konzipierten Erhebungsbogen (Randoll/Peters 2021), angepasst an die pädagogischen Intentionen/Zielsetzungen der Montessori-Pädagogik bzw. an die Bedingungen an Montessori-Schulen sowie ergänzt um Bereiche, die für diese Schulform von Bedeutung sind.[7] Dies erfolgte gemeinsam mit Vertreter:innen des Montessori Bundesverbands.

Im Wesentlichen bezieht sich der Fragebogen auf die folgenden Inhaltsbereiche:

---

6 Hier verfügbar: https://www.montessori-deutschland.de/absolventenstudie-2022.
7 Für die statistische Aufbereitung der Daten, v. a. die der freien Antworten auf die offenen Fragen (Transkription und deren inhaltliche Zuordnung), bedanken wir uns von Herzen bei Dr. Jürgen Peters.

I   Stichprobe
II Schul- und Berufsbiographie
III Schulwahlmotive der Eltern
IV Die Zeit in der Montessori-Schule
    – Allgemeine Aussagen über die Montessori-Schule
    – Besonderheiten der Montessori-Pädagogik
    – Persönliche Erfahrungen in und mit der Montessori-Schule
    – Einfluss von Schule
V   Herausforderungen

3 Stichprobe

Dirk Randoll

3.1 Personenbezogene Daten

An der zwischen November 2018 und März 2019 durchgeführten Onlinebefragung nahmen 800 Absolvent:innen aus 26 Montessori-Schulen in acht deutschen Bundesländern teil. Die meisten Befragten kommen aus Bayern (N=294) mit der bundesweit höchsten Dichte an Montessori-Schulen, gefolgt von Nordrhein-Westfalen (N=154), Hessen (N=116) und Baden-Württemberg (N=80).

Tabelle 1: Verteilung der Stichprobe über die einzelnen genannten Bundesländer

	N-Schüler:innen	Prozent
Baden-Württemberg	80	10,0
Bayern	294	36,8
Berlin	15	1,9
Hessen	116	14,5
Niedersachsen	14	1,8
Nordrhein-Westfalen	154	19,3
Rheinland-Pfalz	56	7,0
Sachsen	59	7,4
Gesamt	**788**	**98,5**
Keine Angaben	**12**	**1,5**

Der älteste befragte Absolvent war zum Erhebungszeitraum 39 Jahre (Jahrgang 1980) und der jüngste 17 Jahre alt (Jahrgang 2002). Weitere personenbezogene Daten der Befragten sind in Tabelle 2 zusammengefasst.

Tabelle 2: Personenbezogene Daten

	N=800
Geburtsjahr	1980–2002
Alter zum Erhebungszeitpunkt	17 bis 39 Jahre
männlich	45,5 %
weiblich	52,9 %
inter/divers	0,8 %
Muttersprache Deutsch	96,6 %
eigene Kinder	5,7 %

Der Anteil der weiblichen Probandinnen liegt in dieser Stichprobe mit 52,9 % geringfügig über dem der männlichen Teilnehmer (45,5 %). Die überwiegende Mehrzahl der ehemaligen Montessori-Schüler:innen (96,6 %) gibt zudem an, aus einem deutschsprachigen Elternhaus zu kommen, lediglich 3,3 % haben nach eigenen Angaben einen anderen muttersprachlichen familiären Hintergrund. Montessori-Schulen haben es also mit einer homogenen Schülerschaft zu tun, was deren nationale Herkunft bzw. muttersprachlichen Hintergrund betrifft. Ein Phänomen, das in Deutschland auch an anderen Schulen in freier Trägerschaft zu beobachten ist, wie z. B. bei den Freien Waldorfschulen (vgl. Barz/Randoll 2007; Koolmann et al. 2018; Randoll/Peters 2021).

3.2 Ehrenamtliches Engagement und politische Aktivitäten

41,1 % der befragten ehemaligen Montessori-Schüler:innen (N=329) sind nach eigenen Angaben in einem gemeinnützigen Verein oder in irgendeiner Form ehrenamtlich tätig. Dieser Wert liegt deutlich über dem Bundesdurchschnitt von 15,98 %.[8] Die Antworten auf die Frage *„Wenn ja, in welcher Form?"* beziehen sich inhaltlich auf unterschiedliche Tätigkeiten bzw. Aktivitäten, wie z. B. *„Sportverein"*; *„Freiwilligenarbeit im sozialen Bereich"*; *„Arbeit mit Kindern und Jugendlichen"*; *„Kirchliches Engagement"* oder auf Aktivitäten in den Bereichen Umwelt, Klima, Tierschutz und Flüchtlingshilfe. 29,8 % (N=238) geben zu verstehen, in irgendeiner Form auch politisch engagiert zu sein. Die Spannweite der Antworten auf die Frage *„Wenn ja, in welcher Form"* reicht von *„Parteimitglied"* über *„Mitglied der Fridays for Future Bewegung"*, *„Gehe auf Demos"*, *„Interesse an politischen Themen"* bis hin zu *„Gehe wählen"*.

Insgesamt lassen die Ergebnisse zum ehrenamtlichen und politischen Engagement darauf schließen, dass Absolvent:innen von Montessori-Schulen ein großes Interesse an der Auseinandersetzung mit gesellschaftlichen Themen und Herausforderungen mitbringen und sich in verschiedenen inhaltlichen Zusammenhängen sowohl gesellschaftlich als auch politisch engagieren – sei es in einem Verein oder in einer Partei. Dafür dürfte allerdings nicht nur der Schulbesuch, sondern nach unserer Erfahrung vor allem auch die soziale Herkunft bzw. das Elternhaus der Befragten von Bedeutung sein.

---

8 Siehe unter: https://de.statista.com/statistik/daten/studie/173632/umfrage/verbreitung-ehrenamtlicher-arbeit/.

4 Familiärer Hintergrund der Befragten
Dirk Randoll

4.1 Eigene Kinder

Aufgrund der Altersstruktur der Befragten ist es nicht überraschend, wenn nur 5,7 % (N=46) angeben, bereits eigene Kinder zu haben. 36 Ehemalige mit mindestens einem eigenen Kind haben bei deren Erziehung nach eigenem Bekunden Aspekte der Montessori-Pädagogik aufgegriffen. Als Beispiele werden genannt: *„Hilfe zur Selbstbestimmung"*; *„Förderung der Selbständigkeit"*; *„Vertrauen fördern"*; *„Freie Entfaltung"*; *„Einbindung in alltägliche Tätigkeiten"*; *„Orientierung an Entwicklungsphasen"*; *„Respekt gegenüber anderen fördern"*.

Annähernd jede:r zweite Ehemalige mit mindestens einem Kind gibt an, dieses wiederum in eine Montessori-Schule eingeschult zu haben bzw. dort einschulen zu wollen, 24 Befragte verneinen dies. Als Gründe werden genannt: *„Noch nicht entschieden"* (N=12) oder *„Kein Angebot in der Nähe"* (N=8). Zwei der befragten Absolvent:innen begründen ihr negatives Votum damit, als Schüler:in schlechte Erfahrungen an der von ihnen besuchten Montessori-Schule gemacht zu haben.

4.2 Schulwahlmotive der Eltern

Die ehemaligen Montessori-Schüler:innen wurden auch gebeten anzugeben, welche elterlichen Motive ihrer Ansicht nach ausschlaggebend dafür waren, sie in eine Montessori-Schule eingeschult zu haben. 725 Befragte (90,6 % der Gesamtstichprobe) gaben hierzu 1.158 semantisch voneinander differenzierbare Stellungnahmen ab, was einem Anteil von 1,6 Antworten pro Proband:in entspricht. Dies lässt darauf schließen, dass der elterlichen Schulwahl mehrere Motive zugrunde gelegen haben dürften, wie das folgende Beispiel zeigt: *„Arbeiten mit Montessori-Material (Motiv 1) und selbständiges Lernen (Motiv 2); Fokus auf jeden Schüler statt Schüler als Masse (Motiv 3); Alternative zum Regelschulsystem (Motiv 4)"*.

Die zu den elterlichen Schulwahlmotiven abgegebenen Stellungnahmen wurden einer der folgenden Inhaltskategorien zugeordnet:

- Förderung des selbständigen, freien Lernens und Arbeitens (N=190 bzw. 16,4 % aller Stellungnahmen; z. B. *„Das selbständige Arbeiten"; „Das freie lernen ohne Zwang, kein Notendruck, die individuelle Betrachtung und Förderung von Interessen und Begabungen"; „Dass der Spaß am Lernen im Vordergrund steht"*)
- Alternative zur Regelschule (N=174 bzw. 15 % aller Stellungnahmen; z. B. *„Ablehnung konventioneller Schulen"; „Das staatliche Schulsystem, welches keinen Raum für persönliche Entfaltung bietet und oftmals gravierende Mängel aufweist"; „Das unflexible und unpersönliche staatliche Schulsystem"; „Der Unterricht an der Regelschule erschien zu Fantasielos"*)
- Montessori-Prinzipien/Pädagogisches Konzept (N=173 bzw. 14,9 % aller Stellungnahmen; z. B. *„Das Prinzip Maria Montessoris war ausschlaggebend"; „Das überzeugende pädagogische Konzept und die andere Herangehensweise an die Lehre für Jugendliche und junge Erwachsene"; „Der offene Ansatz, Schülern mehr Freiheit zu geben"; „Gefallen am Montessori-Prinzip (Altersmischung, keine Noten, Freiarbeit)"; „„Hilf mir, es selbst zu tun""*)
- Individuelle Förderung der Schüler:innen (N=160 bzw. 13,8 % aller Stellungnahmen; z. B. *„Die bessere individuelle Betreuung"; „Die individuelle Förderung und die Möglichkeit für jeden im eigenen Tempo arbeiten zu können"*)
- Kein Leistungsdruck, angstfreies/ganzheitliches Lernen (N=150 bzw. 12,9 % aller Stellungnahmen; z. B. *„Druckfreies Lernen"; „Eine Alternative zum Regelschulsystem zu finden, wo Kinder ohne Druck lernen können, sich freier entfalten können und Freude am Lernen haben"*)
- Freunde, Bekannte und/oder Geschwister an der Schule (N=146 bzw. 12,6 % aller Stellungnahmen; z. B. *„Ich hatte Freunde auf der Schule"; „Gute Erfahrungen mit meinem großen Bruder gemacht"*)
- Probleme in bzw. mit der Regelschule (N=100 bzw. 8,6 % aller Stellungnahmen; z. B. *„Durch meine Erkrankung am Schulstress an der staatlichen Realschule"; „Hatte Lernschwierigkeit an der Grundschule"; „Ich bin in einer Regelschule mit 30 Schülern pro Klasse untergegangen, dies hat sich auf meine Leistung und meine Psyche ausgewirkt"; „Ich hatte enorme Schulangst und wollte nicht mehr in die Schule (staatliche Grundschule) gehen"; „Ich wurde in meiner ersten Grundschule von meiner Klassenlehrerin gemobbt und habe deshalb Schulangst entwickelt. Meine Eltern haben mir vorgeschlagen die Schule zu wechseln – es war aber eine gemeinsame Entscheidung"; „In der Regelschule war ich unkonzentriert und hatte Probleme mit dem Lehrplan mitzuhalten"*)
- Inklusion (N=26 bzw. 2,3 % aller Stellungnahmen; z. B. *„Erlernen des Umgangs mit behinderten Klassenkameraden und folglich Förderung der Toleranz für Menschen aller Arten"; „Die individuelle Betreuung der Schüler, auch bei*

‚besonderen' Kindern"; „*Ich denke vor allem, dass ich eine behinderte Zwillingsschwester habe und meine große Schwester auch schon die Monti besucht hat*")
- (Beruflicher) Kontakt zur Montessori-Pädagogik (N=24 bzw. 2,1 % aller Stellungnahmen; z. B. „*Mama hat Montessori-Schule gegründet wegen des besonderen Lernumfeldes und Schulsystems ohne Leistungsdruck*")
- Sonstiges (N=15 bzw. 1,3 % aller Stellungnahmen; z. B. „*Die Entscheidung hatte nichts mit dem Montessori Konzept zu tun, sondern mit dem sportlichen Schwerpunkt der Schule*"; „*Ich wollte unbedingt auf diese Schule, aber auch nur weil es ein Schloss hat und am Reiterhof gelegen ist, wo ich damals Voltigiert bin.*"; „*Schule war einfacher zu erreichen, als die staatliche FOS [Fachoberschule]*"; „*Zufall*")

Die meisten Stellungnahmen zu den elterlichen Schulwahlmotiven beziehen sich demnach auf pädagogische Gesichtspunkte, wie z. B. auf die Erwartung, dass an der Montessori-Schule das selbständige, freie und individualisierte Lernen ohne Leistungsdruck verwirklicht bzw. gefördert wird. In jeweils etwa 15 % der Antworten geben die Befragten zum Ausdruck, dass die elterliche Schulwahl eine bewusste Entscheidung gegen die öffentliche Regelschule und für den reformpädagogischen Ansatz der Montessori-Schule gewesen sei.

Ein weiteres bedeutsames elterliches Schulwahlmotiv liegt in spezifischen Problemen des eigenen Kindes begründet (zum Teil bedingt durch den Besuch der Regelschule), wie z. B. erfahrener Lernstress und dadurch bedingte psychische Auffälligkeiten – vermutlich verbunden mit der Hoffnung, dass an der Montessori-Schule damit besser umgegangen wird, wie z. B. durch die Möglichkeit der individuellen Förderung. Letztlich: Es ist bekannt, dass Montessori-Schulen teilweise inklusiv arbeiten. Nach Meinung einiger der Befragten war auch dies für viele Eltern ein Motiv, ihr Kind in eine Schule dieser pädagogischen Prägung einzuschulen.

5 Schul- und Berufsbiographie

Dirk Randoll

5.1 Einschulung

19,5 % der in der vorliegenden Studie Befragten haben nach eigenen Angaben vor der Einschulung in eine Montessori-Schule bereits ein Montessori-Kinderhaus besucht. Etwa die Hälfte (48,6 %) gibt an, ab dem Zeitpunkt des allgemeinen Schulpflichtalters (also mit fünf, sechs oder sieben Jahren) in die Montessori-Schule eingeschult worden zu sein. Der Rest der Einschulungen verteilt sich bis zum 17. Lebensjahr wie in Abbildung 1 dargestellt.

Abbildung 1: Eintrittsalter der Befragten in die Montessori-Schule (in %)

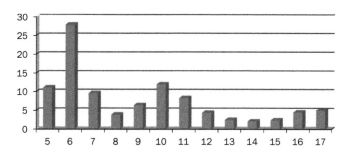

Bei einem hohen Anteil (etwa jeder zweite!) handelt es sich also um Quereinsteiger:innen. 48,1 % der befragten Ehemaligen geben an, die Montessori-Schule mit Abschluss der 10. Klasse, und 36,9 % nach der 12. oder 13. Klasse verlassen zu haben. Rund 12 % sind bereits nach der 9. Jahrgangsstufe von ihr abgegangen (vgl. Abbildung 2).

Abbildung 2: Austrittsklasse (in %)

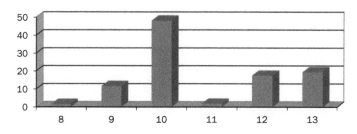

5.2 Schulabschluss

In Tabelle 3 sind die Befunde zum erworbenen Schulabschluss der in dieser Studie befragten Absolvent:innen im Vergleich zum Bundesdurchschnitt wiedergegeben. Dabei ist zu berücksichtigen, dass 129 Befragte (16,1 %) im Befragungszeitraum eine weiterführende Schule besucht haben, um dort vor allem das Abitur zu machen, was an der von ihnen besuchten Montessori-Schule nicht möglich war.

Tabelle 3: Erworbener Schulabschluss (in %)

	Montessori-Schüler:innen (N = 800)	BRD*
Abitur/allgemeine Hochschulreife	39,3**	47,7**
davon Fachhochschulreife	5,9	
davon Fachgebundene Hochschulreife	6,0	
Mittlere Reife/Realschulabschluss	44,3	29,8
Volks- und Hauptschulabschluss	12,1	17,7
anderer Schulabschluss	1,0	
kein Schulabschluss	3,0	4,1
keine Antwort	0,4	

* vgl. Statista 2020, bezogen auf die Altersgruppe der 30- bis 35-Jährigen
** inkl. Fachhochschulreife/Fachabitur

12,1 % der ehemaligen Montessori-Schüler:innen haben nach eigenen Angaben an der von ihnen besuchten Montessori-Schule den Hauptschulabschluss, 44,3 % die mittlere Reife/den Realschulabschluss, 27,4 % das Abitur, 5,9 % die Fachhochschulreife und 6 % das Fachabitur erworben. Demnach liegt der Anteil derjenigen, die die Schule mit der mittleren Reife abgeschlossen hat, in dieser Stichprobe deutlich über dem Bundesdurchschnitt. Ein Grund dafür dürfte sein, dass viele Montessori-Schulen nur bis zur 10. Klasse geführt werden.[9] Beim Abitur und beim Hauptschulabschluss liegt die Stichprobe unter dem Bundesdurchschnitt. Rechnet man die 16,1 % derjenigen Befragten hinzu, die – hier nicht explizit ausgewiesen – angeben, an weiterführenden Schulen das Abitur anzustreben oder bereits das Abitur angeschlossen zu haben, erhöht sich der Abiturientenanteil auf 55,4 %.

---

9 Ein Beispiel: Die Montessori-Schule in Linsengericht ist eine IGS (Integrierte Gesamt-Schule), die kein Abitur anbietet, allerdings nehmen alle Schüler an den Haupt- und Realschulprüfungen teil. Da die Schüler neun Jahre keine Noten bekommen und keine Prüfungen ablegen müssen, hat sich die Schulgemeinschaft entschlossen, integrierte Gesamtschule zu sein. 90 % der Schüler absolvieren dann an allgemeinbildenden oder beruflichen Gymnasien das Abitur.

5.3 Beruf

Die ehemaligen Montessori-Schüler:innen wurden auch danach gefragt, welchen Beruf sie erlernt haben und welchen sie derzeit ausüben. Die beiden Fragen wurden von 60,6 % bzw. 79,3 % beantwortet. Die Befunde hierzu sind in Tabelle 4 zusammengefasst.

Tabelle 4: Erlernter und ausgeübter Beruf (in %)

Berufsbereich (nach KdIB[10])	Erlernt (N=485, entspricht 60,6 %)	Ausgeübt (N=643, entspricht 79,3 %)	Abzüglich derjenigen, die noch keine Ausbildung abgeschlossen haben (N=269, entspricht 33,6 %)
Gesundheit, Soziales, Lehre und Erziehung (auch Lehrer)	32,2 %	13,7 %	32,7 %
Kaufmännische Dienstleistungen, Warenhandel, Vertrieb, Hotel und Tourismus	24,9 %	9,6 %	23,8 %
Sprach-, Literatur-, Geistes-, Gesellschafts- und Wirtschaftswissenschaften, Medien, Kunst, Kultur und Gestaltung	8,5 %	2,9 %	7,1 %
Hausfrau, Eltern, Elternzeit	./.	0,2 %	0,7 %
Rohstoffgewinnung, Produktion und Fertigung	1,4 %	0,3 %	8,6 %
Bau, Architektur, Vermessung und Gebäudetechnik	10,3 %	3,6 %	2,6 %
Unternehmensorganisation, Buchhaltung, Recht und Verwaltung	2,9 %	1,1 %	0,7 %
Land-, Forst- und Tierwirtschaft, Gartenbau	2,1 %	0,3 %	5,9 %
Naturwissenschaft, Geographie und Informatik	6,8 %	2,5 %	4,1 %
Verkehr, Logistik, Schutz und Sicherheit	2,1 %	1,7 %	1,9 %
Militär	0,4 %	0,8 %	
Sonstiges	4,3 %	5,2 %	
Ausbildung/Studium	4,1 %	58,2 %*	

*noch in Ausbildung: N=374, davon N=202 Studenten (54 %), N=129 Schüler auf weiterführenden Schulen (43,5 %), N=25 Auszubildende (6,7 %) und N=18 im Freiwilligen Sozialen Jahr (4,8 %)

---

10 Kodiert nach der von der Bundesagentur für Arbeit verwendeten Klassifikation der Berufe „KldB 2010".

Bezogen auf die Gesamtstichprobe von N=800 befindet sich fast jede:r zweite in dieser Studie befragte Absolvent:in (46,8 %) noch in Ausbildung (v. a. im Studium oder auf einer weiterführenden Schule). Bei den ausgeübten Berufen zeigt sich eine Tendenz dahingehend, dass ehemalige Montessori-Schüler:innen häufiger als in der Gesamtbevölkerung einen Beruf in den Bereichen „Gesundheit, Soziales, Lehre und Erziehung" und „Sprach-, Literatur-, Geistes-, Gesellschafts- und Wirtschafwissenschaften, Medien, Kunst, Kultur und Gestaltung" gewählt haben bzw. ausüben. In den Berufsbereichen „Rohstoffgewinnung, Produktion und Fertigung", „Unternehmensorganisation, Buchhaltung, Recht und Verwaltung" sowie „Verkehr, Logistik, Schutz und Sicherheit" sind sie anteilsmäßig hingegen vergleichsweise unterrepräsentiert.

6 Die Zeit in der Montessori-Schule

Nina Villwock und Dirk Randoll

6.1 Wichtige Erfahrungen und Erlebnisse

Auf die Eröffnungsfrage nach den wichtigsten (Lern-)Erfahrungen und Erlebnissen, die die Ehemaligen an der Montessori-Schule nach eigenem Bekunden gemacht haben, gaben 745 Absolvent:innen (93,1 % der Gesamtstichprobe) 1.158 semantisch voneinander differenzierbare Antworten ab, was einem Anteil von 1,6 je Proband:in entspricht. Die Stellungnahmen wurden einer der folgenden Inhaltsbereiche zugeordnet:

- Förderung der Selbständigkeit, Eigeninitiative und des selbstverantwortlichen Lernens, Handelns und Arbeitens (N=447 bzw. 38,6 % aller Stellungnahmen; z. B. *„Selbständiges Arbeiten/Organisation meiner eigenen Arbeit"*; *„Eigeninitiative"*; *„Selbständiges Erarbeiten von Inhalten"*; *„Bei der Freiarbeit selbständig zu lernen"*; *„Das Wichtigste was ich gelernt habe ist das selbständige Arbeiten, das freie Sprechen vor großen Gruppen"*)
- Erleben von Gemeinschaft, Zugehörigkeit und Zusammenhalt, respektvoller und wertschätzender Umgang mit- und untereinander (N=206 bzw. 17,8 % aller Stellungnahmen, z. B. *„Klassengemeinschaft/Zusammenhalt/Freundschaft"*; *„Gegenseitige Unterstützung, Lernen in Gruppen, Hilfsbereitschaft, Wertschätzung der Umgebung und Mitmenschen"*; *„Teamarbeit, Zusammenhalt Schüler wie Eltern"*; *„Das Wichtigste und auch Schönste, was ich an der Schule erlebt habe war, neben dem selbständigen Lernen natürlich, der persönliche und freundliche Kontakt zwischen den Schülern und besonders auch zwischen Lehrern und Schülern"*; *„Der gute Umgang zwischen Lehrern und Schüler auf Augenhöhe"*; *„ein meist freundschaftliches Raum- bzw. Lernklima"*; *„Freundlicher Umgang miteinander"*; *„der Umgang mit schwächeren Schülern. Es war eine tolle Erfahrung, in einer behüteten Umgebung aufwachsen zu können, in der meine individuellen Fähigkeiten und mein Selbstbewusstsein gefördert wurden"*)
- Akzeptanz, Wertschätzung und Berücksichtigung individueller Besonderheiten/Interessen der Schüler (N=169 bzw. 14,5 % aller Stellungnahmen; z. B. *„Dass jeder Mensch individuell ist und Zeit braucht, um sich zu entwickeln"*; *„Auch wenn man am Anfang noch nicht sieht, wo die Stärken jeden Kindes liegen, so braucht es dennoch Lehrer an der Seite, die an es glauben und darauf*

vertrauen, dass es den richtigen Weg findet"; „Dass ich hier so akzeptiert wurde wie ich bin"; „Dass man die Bedürfnisse der Kinder ernst nimmt und man gemeinsam nach einer Lösung sucht"; „Dass [...] jeder Mensch wertvoll ist")
- Freude am Lernen, Lernen ohne Leistungsdruck/-stress (N=113 bzw. 9,8 % aller Stellungnahmen; z. B. „die Lust Neues zu lernen"; „Freude am Lernen"; „Dass es nicht darum geht, sich pausenlos und stumpf ohne Zusammenhang Wissen ins Gehirn zu stopfen, sondern Spaß und Faszination dafür zu entwickeln, nachhaltig etwas zu lernen"; „Die Art, wie mit Wissen umgegangen wird: da ist mehr Wertschätzung dabei, mehr Begeisterung")
- Förderung sozialer Fähigkeiten und Fertigkeiten (N=39 bzw. 3,4 % aller Stellungnahmen; z. B. „Entwicklung eines moralischen Kompass"; „Verantwortung"; „Soziale Kompetenz"; „Sozialer Umgang")
- Klassenfahrten, Praktika, außerschulisches Lernen (N=36 bzw. 3,1 % aller Stellungnahmen, z. B. „Tolle Erlebnisse waren die Klassenfahrten"; „die Reisen nach Amsterdam, Barcelona und Berlin waren für mich die wichtigsten Dinge, die ich gelernt sowie erlebt habe"; „Auch haben die Praktika sehr geholfen für das Studien- und Berufsleben")
- Zeit, sich intensiv(er) mit einem Thema beschäftigen zu können (N=26 bzw. 2,2 % aller Stellungnahmen, z. B. „Mich intensiv mit Themen beschäftigen zu können, die mich wirklich interessieren"; „Meine persönlichen Interessen finden und verfolgen bzw. vertiefen")
- Grundlagen der Montessori-Pädagogik (N=18 bzw. 1,6 % aller Stellungnahmen, z. B. „Der Grundgedanke der Montessoripädagogik ‚Hilf mir, es selbst zu tun'"; „das Menschenbild")
- Kritische Anmerkungen (N=14 bzw. 1,2 % aller Stellungnahmen, z. B. „Dass nicht alle Lehrer der Montessorischule sich an das Leitbild orientieren. Auch, dass viele sich als Gutmenschen darstellen"; „Dass ein Rektor alles darf. Auch Kinder im Herbst im Regen vor der Sporthalle warten lassen. Wer reingeht sollte mit Nachsitzen bestraft werden"; „Die Vielfalt von Menschen. Wie man Toleranz lebt. Leider auch, dass die Montessori-Idee in einem System, das zu einem Abschluss führen soll und auch in Momenten, in denen das Zusammenleben und -arbeiten nicht gut klappt, zu Doppelmoral führt"; „Gutes Konzept, aber mangelhafte Umsetzung"; „Montessori funktioniert nur bis zu einem gewissen Alter"; „Mobbing wird unterstützt, die Schulleitung ist nicht fähig, sich beide Seiten einer Geschichte anzuhören, es wird vorschnell geurteilt und kollektivstrafen verhängt"; „Nur die starken überleben")
- Sonstiges (N=17 bzw. 1,5 % aller Stellungnahmen; z. B. „Nix"; „Ohne Fleiß kein Preis"; „Sommerferien sind schön, Kaffee im Aspekt ist toll, silentium Nunc est bibendum!")

Zusammenfassend lässt sich sagen, dass die befragten Ehemaligen die Förderung der Selbst- bzw. Eigenständigkeit bzw. das selbständige und selbstverantwortliche Lernen und Arbeiten als das Wichtigste ihres Besuchs der Montessori-Schule einschätzen. Dem folgen in der Häufigkeit der Antworten das Erleben von Gemeinschaft und Zugehörigkeit, der respektvolle Umgang mit- und untereinander sowie die Erfahrung, in der Schule als Person akzeptiert, wertgeschätzt und auch individuell gefördert worden zu sein. Voraussetzung hierfür ist, Vertrauen in die Entwicklungsfähigkeit und -bereitschaft der jungen Heranwachsenden zu haben, d. h. in ihre Neugierde, Neues erfahren und sich Neues (selbst) aneignen bzw. erarbeiten zu wollen. Eine weitere Bedingung hierfür betrifft das Rollenverständnis der Lehrer:innen. So weisen viele Antworten darauf hin, dass die befragten Ehemaligen Lehrkräfte vor allem als Lernbegleiter wahrgenommen haben und dass sich die Beziehung zwischen Lehrer:innen und Schüler:innen durch gegenseitige Wertschätzung ausgezeichnet habe.

Die Antworten der Befragten zeigen, dass es den Montessori-Schulen gelingt, eine (Lern-)Atmosphäre herzustellen, in der ein angstfreies, selbstbestimmtes und konstruktives Lernen möglich ist – vor allem auch deshalb, weil Leistungskonkurrenz unter den Schüler:innen kein großes Thema ist und sich die Lernenden auf eine Gemeinschaft verlassen können, in der sie sich geborgen und zugehörig fühlen. Insofern ist auch nachvollziehbar, wenn viele der Ehemaligen die Freude am – selbstbestimmten und entdeckenden – Lernen gleichermaßen als das Wichtigste ihres eigenen Schulbesuchs hervorheben. Die Integration der Schüler:innen in sinnvolle Lernprozesse, der Verzicht auf Noten/Punkte bis Ende der Sekundarstufe I sowie die Möglichkeit, sich als Kind/Jugendlicher in der Schule auch einmal intensiv(er) über einen längeren Zeitraum mit einem Thema zu beschäftigen, sind daher einige der wesentlichsten konstituierenden Elemente für die positive Einstellung, die die Befragten zum Thema Lernen zum Ausdruck bringen.

6.2 Positive und negative Aspekte des eigenen Schulbesuchs

Die Frage nach den positiven bzw. negativen Aspekten des eigenen Schulbesuchs wurde von 518 (64,8 % der Gesamtstichprobe) bzw. 463 (57,8 % der Gesamtstichprobe) der Ehemaligen beantwortet. Zu den positiven Aspekten konnten 670 (entspricht 1,3 Antworten pro Person) und zu den negativen 494 Stellungnahmen ermittelt werden.

6.2.1 Positive Aspekte

- 41,1 % der Antworten (N=212) zu den als positiv eingeschätzten bzw. in Erinnerung gebliebenen Aspekten des eigenen Schulbesuchs beziehen sich auf das Thema Lernen. Hierzu zählen auch Aussagen, die die Freiarbeit sowie die Besonderheiten des Lernsettings (Stichwort: Lernraum als „Dritter Pädagoge", wie z. B. *„Das schöne Schulgelände"; „Die Schule in einem wunderschönen Kloster mit viel Platz"; „Schöne Gestaltung des Gartens und des Schulhauses")* zum Inhalt haben.
Beispiele: *„Freies, ungezwungenes Lernen, stressfreies Aufwachsen im Kinderalter"; „Freiarbeit"; „Spaß am Lernen"; „dass mir Raum und Zeit gegeben wurde Interessen zu entwickeln und ihnen nachgehen zu können, dass ich Kind sein konnte ohne Druck, dass ich die Freude und Lust am Lernen nicht verloren habe"; „13 Jahre lang jeden Tag gern zur Schule gegangen zu sein, Spaß am Lernen, Neugier nachzugehen"; „Als positiv habe ich immer den abwechslungsreichen Unterricht empfunden und dass jeder so akzeptiert wurde wie er/sie war; Besonders: Praktische Anwendungen im Info-Unterricht 11-13 Klasse; allgemein: viele Möglichkeiten Praxiserfahrungen zu sammeln bzw. mit eigenen Händen auszuprobieren"; „Das Konzept der Freiarbeit, in dem man lernt, sich seine Arbeit einzuteilen und sich fehlende Informationen auf verschiedene Weisen selbst zu beschaffen"; „Dass die Gruppen immer gemischt waren und somit Schülern von anderen Schülern geholfen werden konnte"; „Als SchülerIn ist man an einer Montessori Schule kaum eingeschränkt und kann sich frei entfalten. Es gibt Angebote, die sich nach den Schülern richten und nicht die Schüler müssen sich nach den Angeboten richten."; „Auf eigenes Lerntempo wurde gut eingegangen"; „Kleine Gruppen, die ermöglichen, besser über behandelte Themen zu sprechen und das Verständnis besser zu versichern; unterschiedliche Gestaltung des Unterrichts (nicht immer nur eine Art, ein Thema darzubieten); die Möglichkeit, die Arbeit teilweise frei zu wählen und die Zeit dafür selbst einzuteilen, dass nicht unbedingt dauerhaft gearbeitet werden muss während der Unterrichtszeit, es können auch kleine Pausen gemacht werden"*
- 24,6 % (N=127) der abgegebenen Stellungnahmen äußern sich positiv zum Verhältnis zwischen Lehrerkräften und Schüler:innen sowie zur Tatsache, als Schüler:in von den Pädagog:innen als „Mensch" bzw. in seiner Gesamtpersönlichkeit gesehen, wertgeschätzt, ernstgenommen und individuell gefördert worden zu sein. Hierzu zählen auch Aussagen, die die Möglichkeit der Mitsprache und Mitentscheidung als Schüler:in bei schulischen Belangen betreffen.
Beispiele: *„Dass jeder Schüler auf seine Art und Weise akzeptiert wurde und immer versucht wurde das Bestmögliche aus jedem Schüler hervorzuholen";*

"Dass man sich als heranwachsender Mensch ernst genommen gefühlt hat"; *"Das Verständnis der Lehrer:innen für persönliche Probleme/Bedürfnisse der Schüler"*; *"Das Zuhören bei Problemen und das individuumsfocussierte Lernen"*; *"Demokratie wurde gelebt. Schüler durften mitreden und wurden gehört"*; *"Die Bereitschaft der Lehrer auf mich zuzugehen"*; *"Lehrer-Schüler-Verhältnis [...], man hat das Gefühl, dass die Persönlichkeit von Schülern beachtet wird und nicht nur die Leistung, Schüler wird individuell gefördert"*; *"Das Vertrauen, das uns Kindern und Jugendlichen meist entgegengebracht wurde"*; *"Begegnen auf Augenhöhe, sowohl unter Schülern, als auch zwischen Lehrern und Schülern"*

- In 21,5 % (N=111) der von den Befragten gemachten Aussagen wird das Gemeinschaftsgefühl bzw. das Gefühl der Zugehörigkeit, des sozialen Zusammenhalts bzw. von Freundschaften zu Mitschüler:innen sowie den durch Respekt und gegenseitige Rücksichtnahme geprägten Umgang mit- bzw. untereinander positiv hervorgehoben.
  Beispiele: *"Das Menschliche Miteinander"*; *"Das Miteinander von Eltern, Lehrern und Schülern"*; *"Dass ich viel Zeit mit meinen Freunden verbringen konnte"*; *"Den guten Kontakt zu Lehrern und Schülern"*; *"Den Umgang mit den Schülern auf Augenhöhe, lang anhaltende Freundschaften, gute Gespräche mit Schülern und Lehrern"*; *"Den Zusammenhalt in meiner Klasse"*; *"Den Zusammenhalt und das ehrliche Interesse am Gegenüber"*; *"Die familiäre Lernatmosphäre sowie ein sehr unterstützendes und schülerorientiertes Lehrernetzwerk"*

- In 13,8 % der Antworten (N=93) thematisieren die Befragten das – v. a. der Vertiefung dienende – (lebens-)praktische Lernen.
  Beispiel: *"Die Arbeit mit Kühen und Ziegen"*; *"Der Werkunterricht"*; *"Praktika"*; *"Die Arbeit mit Montessorimaterial"*; *"Die diversen Projektarbeiten (z. B. Große Arbeit, Gartenprojekt, Müllsammelprojekt)"*; *"Projekte wie den Emshof, Sozial Genial oder FFP"*; *"Die handwerklichen Aspekte der Schulzeit. Nicht nur mit dem Kopf zu arbeiten"*; *"Die Möglichkeit bei Themen oder Fächern, die einen interessieren, mehr Zeit darauf zu verwenden und eventuell auch dem normalen Lehrplan vorzuarbeiten und diese auch ausführlicher zu behandeln als es ursprünglich geplant war. Diese Flexibilität (bis zu einem gewissen Grad!) habe ich immer sehr Wert geschätzt"*; *"Klassenfahrten, Projektwochen"*; *"Versorgung der Tiere"*; *"Man lernt Sachen die man wirklich braucht"*

- 11,8 % der ermittelten Antworten (N=79) beziehen sich inhaltlich auf die Förderung der eigenen Persönlichkeit.
  Beispiel: *"Stärkung des Selbstwertgefühls"*; *"Verantwortungsgefühl"*; *"Eigenständigkeit"*; *"Meine sozialen Kompetenzen"*; *"Mich selbst besser kennenge-*

lernt zu haben!!!"; *„Offen auf Leute zugehen zu können"*; *„Dass ich mir selbst mehr zutraue, selbständiger bin und mich nicht einschüchtern lasse von neuen Herausforderungen"*; *„Die Art wie wir gelernt haben mit Menschen zu kommunizieren und richtig auszudrücken"*; *„Fähigkeit auch vor größeren Gruppen sprechen zu können"*

- Unter „Sonstiges" (N=32 bzw. 4,8 %) subsumieren sich Aussagen wie: *„Alles"*; *„EhMonti"*; *„Sehr viel"*.

Zusammenfassend steht bei den positiv in Erinnerung gebliebenen Aspekten des eigenen Schulbesuchs die Freude am Lernen, vor allem bedingt durch die Notenfreiheit, die Berücksichtigung individueller Interessen und die Förderung der Eigenständigkeit, Selbständigkeit und Selbstverantwortung der Schüler:innen, aber auch bedingt durch die vielen Angebote außerschulischen und lebenspraktischen Lernens und Arbeitens an oberster Stelle in der Häufigkeit der abgegebenen Stellungnahmen. Dem folgt das Gefühl, von den an den Montessori-Schulen tätigen Pädagog:innen als „Mensch" gesehen, akzeptiert und wertgeschätzt worden zu sein. Auch deshalb ist vielen Befragten die gute Beziehung zu ihren Lehrer:innen – neben denen zu Mitschüler:innen – gleichermaßen positiv in Erinnerung geblieben. Dies erklärt wohl auch, weshalb viele Ehemalige ihren Lehrer:innen einen günstigen Einfluss auf bestimmte Persönlichkeitsaspekte zugestehen, z. B. auf die Entwicklung von Selbstvertrauen, von Verantwortungsbewusstsein, der eigenen Selbständigkeit oder auf die Fähigkeiten zur Zusammenarbeit mit den Mitschüler:innen.

6.2.2 Negative Aspekte

29 Proband:innen beantworteten die Frage nach den negativ in Erinnerung gebliebenen Aspekten des eigenen Schulbesuchs mit *„Nichts"*, *„Dazu fällt mir nichts ein"* oder *„Es gibt nichts, was ich als negativ empfinde"*. Entsprechend reduziert sich die Zahl der zur Berechnung der prozentualen Häufigkeiten abgegebenen Stellungnahmen von ursprünglich 494 auf 465. Zudem ist zu berücksichtigen, dass 20 Antworten relativierende Kommentare wie z. B. *„Teilweise"* oder *„Zum Teil"* zum Inhalt haben.

Die Ergebnisse im Einzelnen:
- Bei den meisten Antworten zu den negativ in Erinnerung gebliebenen Aspekten des eigenen Schulbesuches (N=97 bzw. 20,8 % aller Stellungnahmen) werden verschiedene Defizite beim Lernen zum Ausdruck gebracht – und zwar sowohl im Hinblick auf bestimmte Fächer/Inhalte als auch auf didak-

tisch-methodische Gesichtspunkte im Unterricht. Hierzu zählen auch Aussagen, bei denen der als zu gering bzw. als zu hoch empfundenen Leistungsdruck thematisiert wird, also die Lernanforderungen und die damit einhergehenden Folgen (z. B. die Fähigkeit, die eigenen Leistungen adäquat einzuschätzen oder Probleme beim Übergang in eine weiterführende Schule). Beispiele: *„Ich konnte bis Mitte der 3ten Klasse noch nicht richtig lesen"*; *„7. – 10. Klasse kaum noch was gelernt"*; *„Auf Rechtschreibung wurde zu Beginn nicht besonders viel Wert gelegt"*; *„Chemie, Bio und Physik sind mir ab der 8. Klasse zu kurz gekommen"*; *„dass viel auf der Strecke geblieben ist und ich Dinge, die mich nicht interessiert haben, einfach nicht gelernt habe"*; *„Die Vernachlässigung der naturwissenschaftlichen Fächer Chemie und Physik"*; *„Durch die fehlenden Noten konnte man schlecht einschätzen wo man steht"*; *„Dass Fächer, die zur Allgemeinbildung beitragen, zu kurz kamen (Physik, Biologie, Geschichte, Erdkunde, Politik)"*; *„Der Übergang in andere Schulen ist hart, da man auf einmal Noten bekommt und an das permanente lernen nicht gewöhnt ist"*; *„Druck auf lernen ist zu gering"*; *„Druck in den letzten zwei Jahren"*; *„Im Nachhinein kann man nur schwer mit Leistungsdruck umgehen"*; *„Die etwas zu lockere Hand mancher Lernbegleiter in bestimmten Phasen wo man keine Lust zu lernen hatte"*; *„Dass wir manchmal zu wenig Druck bekommen haben"*; *„Dass es bis zur neunten Klasse keinerlei Druck gab und in der zehnten Klasse plötzlich unverhältnismäßig viel"*; *„Das freie Lernen hatte zu wenig Verpflichtungen, denen ich mich hätte stellen müssen"*; *„Es war deutlich zu sehen, dass das Prinzip des freien Arbeitens nicht für jeden Schüler geeignet waren. Diese Schüler haben wenig profitiert, wenn nicht sogar Nachteile davongetragen, wie sie vielleicht besser mit täglichen Hausaufgaben hätten umgehen können als mit 3-4-wöchigen Projekten"*; *„In den ersten Jahren Vernachlässigung von Themen/Fächern die mich nicht interessierten"*; *„In Fächern wie z. B. Geographie habe ich keine Ahnung"*; *„Lücken im Unterrichtsstoff, die dadurch entstanden sind, dass es zu wenige Vorgaben gab oder das Jahrgangsgemischte Lernen nicht auf alle Teilnehmer abgestimmt war. In der Sekundarstufe z. B. gab es kaum Vorgaben dazu, was wir in NaWi machen sollten, sodass viele kaum etwas gemacht/gelernt haben und dann in der Oberstufe keine Grundlagen für die dort behandelten Themen hatten. Der PoWi [Politik und Wirtschaft, Bezeichnung des Schulfachs Gemeinschaftskunde] Unterricht in der Oberstufe wurde mit den Schülern aus der 11., 12. und 13. Stufe gemeinsam gemacht, es wurden aber teilweise Themen behandelt, für die die 13er schon zwei Jahre Vorwissen hatten, weshalb die 11er dann schlecht mitgekommen sind"*; *„Konnte mich immer durchmogeln, habe unterdurchschnittliche Allgemeinbildung"*

- In 77 Stellungnahmen (16,6 %) werden von den Befragten der Umgang mit Leistungsheterogenität in der Schule, in der Klasse bzw. unter Schüler:innen und auch die Inklusion mit negativen Aussagen reflektiert.

  Beispiele: *„Inklusion in den Klassen hat bis heute negativen Einfluss"*; *„Dass die schwächeren Kinder viel mehr Unterstützung erhalten haben als die stärkeren Forderung"*; *„Die meisten (Lehrkräfte) konzentrieren sich auf Hauptschüler, was sehr unpraktisch als Realschüler war"*; *„Auf die Lernschwächeren wurde größere Rücksicht genommen als die Stärkeren, zu denen ich gehörte. Ich war unterfordert und habe mich so gelangweilt, dass ich zwischenzeitlich nicht mehr zur Schule gehen wollte"*; *„Durch Leistung- und Altersheterogene Lerngruppen habe ich mich in den Höheren Klassen, sobald ich die Älteste oder leistungsfähigste war, manchmal nicht genug gefordert und zurückgehalten gefühlt"*; *„Ein Problem ist, dass Schülerinnen und Schüler, die gute Leistungen bringen (können), darin nicht gefördert und bestärkt werden. Leistung scheint kein Wert zu sein. Das ist unfair und demotivierend. An meiner jetzigen Schule passt das Konzept besser zu mir und meiner Leistungsfähigkeit"*

- 62 Antworten (13,3 %) haben in diesem inhaltlichen Zusammenhang sowohl den Mangel an (fachlich bzw. methodisch-didaktisch geeigneten) Lehrer:innen als auch den häufigen Wechsel bei den Lehrkräften und deren Folgen zum Inhalt.

  Beispiele: *„Alte Lehrmethoden mancher Lehrer"*; *„Dass viele Lehrer das Konzept Montessori selbst nicht vorleben, durchführen konnten, weil sie in ihren Köpfen noch zu sehr das Staatliche Lernprinzip verinnerlicht hatten und den Unterschied selbst nicht wirklich verstanden haben, wodurch seltsame Vermischungen beider Systeme entstanden sind, mit welchen ich mich nicht wohlgefühlt habe"*; *„Der häufige Lehrerwechsel war anstrengend und auch fürs Lernen nicht förderlich, da man jedes Mal aufs Neue geprüft wurde, auf welchen Lernstand man war"*; *„Die Lehrer wussten selbst zu wenig am Schulstoff"*; *„Die Leistung mancher Lehrer (generell der Englischunterricht und der NAWI Unterricht in den C Gruppen)"*; *„Die Organisation der Lehrer"*; *„Manche Lehrer(innen) haben mir stark die Freude an naturwissenschaftlichen und sprachlichen Fächern genommen"*

- In 58 Stellungnahmen (12,4 %) verweisen die Befragten darauf, dass der gewünschte Schulabschluss an der von ihnen besuchten Montessori-Schule nicht angeboten wurde, und auf die möglichen Folgen.

  Beispiele: *„Dass man als externer Bewerber zum Abitur antreten muss und die zusätzlichen Prüfungen nicht von den eigenen Lehrern, sondern von der ‚Partnerschule' gestellt wurden, die einem das Gefühl vermittelten, eine zusätzliche Belastung zu sein"*; *„Dass meine Montessorischule nur bis zur 10. Klasse ging* *und ich dort nicht mein Abitur machen konnte"; "Als negativ empfinde ich, dass man die selben Prüfungen wie ‚Regelschulschüler' ablegen muss, obwohl man komplett anders gelernt hat sich wissen anzueignen"; "FOS nicht anerkannt, nur genehmigt, dadurch 8 Prüfungsfächer statt 4, Prüfungen an externer, nicht sehr kooperativer und weit entfernter Schule mit anderer Schwerpunktauslegung des Lehrplans"*

- Gleichermaßen wird in 58 Stellungnahmen (12,4 %) auf allgemeine strukturelle bzw. organisatorische Probleme/Defizite im schulischen Alltag hingewiesen.

Beispiele: *"Fehlende Konsequenz und Struktur"; "Mangelnde Struktur, in einigen Punkten mangelnde Strenge"; "Schlechte Organisation des Schulalltags auch in Bezug auf Informationsfluss und das Einhalten von Fristen"; "Teilweise eine schlechte Organisation"; "Teils chaotische Zustände im Unterricht"*

- 41 Aussagen (8,8 %) beziehen sich auf das negative Image der Montessori-Schule in der Öffentlichkeit und auf das damit in Zusammenhang stehende Erleben von Neid, Missgunst bis hin zu Mobbing durch Außenstehende.

Beispiele: *"Eine Montessori-Schule wird von anderen eher als Behindertenschule gesehen"; "Man hat immer noch mit Vorurteilen zu kämpfen und nicht jeder bekommt die Chance, einmal zu erklären, was überhaupt Montessori-Schule bedeutet und auch ist"; "Viele Mitmenschen können mit dem Begriff Montessori-Schule nicht viel anfangen, man wurde oft skeptischen Blicken ausgesetzt oder der Frage, ob mit dem Kind etwas nicht stimmt. Hier wäre mehr Aufklärung in der Gesellschaft notwendig, um dieses tolle Schulsystem mehr unter die Menschen zu bringen"; "Vorurteile Außenstehender gegenüber der Montessori-Schule"; "Wahrnehmung durch Dritte war geprägt durch Neid und Missgunst. Wer wollte schon gerne hören, dass Klassen unter 20 Schüler waren, kein Unterrichtsausfall, modern ausgestattete Fachräume und Sporthallen"; "Dadurch, dass die Montessorischule auf der ich war, eine Privatschule ist, gab es Fälle von Mobbing und Ausgrenzung, gegen die manchmal nur sehr wenig unternommen wurde"*

- 33 Antworten (7,1 % aller Stellungnahmen) thematisieren die „soziale Auslese" der an den Montessori-Schulen unterrichteten Schüler:innen – vor allem auch aufgrund des hohen Schulgeldes – und die damit einhergehende Gefahr des „Inseldaseins" bzw. der Abschottung gegenüber der „Realität".

Beispiele: *"Einen etwas elitären Charakter, da nur bestimmte Bevölkerungsschichten Montessori-Schulen in Betracht ziehen (und bei privaten bezahlen können)"; "Hohe Kosten und daraus resultierende schwere Zugänglichkeit für ärmere Schichten (Nicht die Schuld der Schule)"; "Man kann sich sehr leicht abschotten"; "Manchmal die zu kleine Welt, wie so ein bisschen abgeschottet von der Außenwelt"; "Privatschule, dadurch viele Kinder aus wohlhabenden*

Familien, welche sich gerne auch dementsprechend verhalten haben, eine weniger homogene Gruppe wäre schön gewesen!"; „Relativ kleines und verstreutes soziales schulisches Umfeld"; „Wenig Erfahrungen mit anderen ethnischen Gruppen"; „Soziale Blase und wenig Spiegelung von gesellschaftlichen Realitäten"; „Abschottung von der Umwelt. Wenig Realitätsbezug"; „Aufgrund des Schulgelds war/ist es nur für Eltern ab einem gewissen Einkommen möglich, ihre Kinder auf diese Schule zu schicken, weshalb die soziale Zusammensetzung nicht der in unserer Gesellschaft entsprach"; „In der Schulzeit nervten mich ‚Label und Designerzwang' seitens einiger Mädels aus meiner Stufe"

- Unter „Sonstiges" wurden etwa diese Aussagen gemacht: *„Entfernung zur Schule"; „Ewige Diskussionen über den Putzplan"; „So gut wie alles"; „Woas i ned"; „Schulform passt nicht für ALLE Schüler/innen"; „Ich war fett und hässlich und wurde gemobbt".*

Die meisten Antworten auf die Frage nach den negativ in Erinnerung gebliebenen bzw. erlebten Aspekten des eigenen Schulbesuchs beziehen sich demnach auf das Thema „Lernen" – und zwar in unterschiedlichen Kontexten bzw. inhaltlichen Zusammenhängen. An erster Stelle in der Häufigkeit der Aussagen steht dabei die als unzureichend empfundene Förderung in bestimmten Fächern bzw. das Erleben fachlicher Defizite, die vor allem beim Wechsel auf eine weiterführende Regelschule oder bei der Vorbereitung auf staatliche Prüfungen zutage traten. Dem folgen in der Häufigkeit der Aussagen didaktisch-methodische Probleme im Unterricht, etwa im Umgang mit dem Thema „Leistungsheterogenität in den Klassen" (fehlende Binnendifferenzierung). Genannt werden aber auch der Mangel sowohl an fachlich als auch an didaktisch-methodisch hinreichend qualifizierten Lehrer:innen sowie der häufige Wechsel der Lehrkräfte. Letztlich heben viele der Befragten auch das schlechte Image der Montessori-Schule in der Öffentlichkeit hervor und beurteilen die einseitige soziale Auslese der an den Schulen unterrichteten Schüler:innen – vor allem wegen des hohen Schulgelds – und deren Folgen hervor.

6.2.3 Zusammenfassende Betrachtung

Der Vergleich der Antworten zu den positiven bzw. negativen Aspekten des eigenen Schulbesuchs lässt erkennen, dass 305 positive Antworten, die sich auf das Thema „Lernen" beziehen (vor allem auf die Freude am Lernen sowie auf außerschulische bzw. lebenspraktische Lernangebote), 97 Aussagen gegenüberstehen, die hier negative Erfahrungen gemacht haben (vor allem ungenügende Förderung in einzelnen Fächern sowie didaktisch-methodische Schwächen bzw. Defizite im Unterricht).

7 Ergebnisse zu den geschlossenen Fragen

Dirk Randoll und Jürgen Peters

7.1 Vorbemerkungen

Die Fragen mit vorgegebenen Antwortmöglichkeiten beziehen sich im Wesentlichen auf die folgenden, inhaltlich zusammenhängenden Bereiche (mit der Anzahl der „Items", d. h. Fragen, in Klammern):
1. Besonderheiten der Montessori-Pädagogik (12 Items)
2. Persönliche Erfahrungen in und mit der Montessori-Schule (11 Items)
3. Erlebter Einfluss von Schule (36 Items)

Die ehemaligen Montessori-Schüler:innen wurden zunächst darum gebeten, ihr Urteil in Bezug auf bestimmte Elemente der Montessori-Pädagogik abzugeben, wie z. B. auf die freie Wahl der Arbeit, den Umgang mit Montessori-Materialien oder die Rolle der Lernbegleiter:innen. Der zweite Fragenkomplex hat die Beurteilung unterschiedlicher Lern- und Unterrichtserfahrungen sowie des Verhältnisses zwischen Lehrer:innen und Schüler:innen zum Inhalt. In einem weiteren Abschnitt wurden die Absolvent:innen gebeten, ihre Einschätzungen über den Einfluss abzugeben, den die Schule auf bestimmte Dimensionen ihrer Persönlichkeits- und Fähigkeitsentwicklung etc. in der Retrospektive hatte.

Die den ehemaligen Montessori-Schüler:innen zur Beantwortung vorgegebenen Fragen konnten auf einer vierstufigen Antwortskala beantwortet werden, wobei in einigen Bereichen die Angabe von „*Kam nicht vor*" oder „*Kein Einfluss*" als Ausweichoption möglich war. Die getroffenen Aussagen beziehen sich, wenn nicht anders angegeben, auf die gesamte Schulzeit. Auf eine Differenzierung der gemachten schulischen Erfahrungen – z. B. während der Zeit in der Grundschule im Vergleich zu der in der Sekundarstufe – wurde verzichtet, weil der Fragebogen ansonsten zu umfangreich geworden wäre.

In den folgenden Abbildungen werden die ablehnenden Antworten (z. B. „*Trifft nicht zu*" und „*Trifft eher nicht zu*") zusammengefasst betrachtet bzw. dargestellt, zumal sie prozentual nur einen kleinen Anteil in der Gesamtauswertung ausmachen. Der jeweils fehlende Balkenabschnitt zu 100 % entspricht dem Anteil derjenigen Proband:innen, die eine Frage nicht beantwortet haben. Alle Befunde basieren auf einer Stichprobengröße von N=800.

7.2 Besonderheiten der Montessori-Pädagogik

In Abbildung 3 sind die Urteile der Absolventen zu den im Fragebogen genannten Besonderheiten der Montessori-Pädagogik zusammengefasst (vierstufige Antwortmöglichkeit: *„wichtig"* – *„eher wichtig"* – *„eher nicht wichtig"* – *„nicht wichtig"*; Ausweichoption: *„Kam nicht vor"*).

Abbildung 3: „Welche der folgenden Elemente der Montessori-Pädagogik halten Sie heute für wichtig?" (in %)

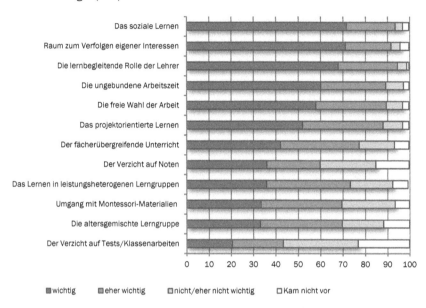

Die überwiegende Mehrzahl der befragten ehemaligen Montessori-Schüler:innen (um die 90 %) gibt an, die folgenden Elemente bzw. Besonderheiten der Montessori-Pädagogik in der Retrospektive für mehr oder weniger wichtig zu halten:
- das soziale Lernen,
- den zur Verfügung stehenden Raum für die Verfolgung eigener Interessen,
- die lernbegleitende Rolle der Lehrkräfte,
- die ungebundene Arbeitszeit,
- die freie Wahl der Arbeit und
- das projektbezogene Lernen.

Etwa 70 % halten den fächerübergreifenden Unterricht, das Lernen in leistungsheterogenen Lerngruppen, den Umgang mit Montessori-Materialien sowie die altersgemischten Lerngruppen in der Retrospektive für wichtig bzw. für eher wichtig. Dabei ist zu bedenken, dass Montessori-Materialien vor allem in der Primarstufe zum Einsatz kommen. Zudem ist der prozentuale Anteil derjenigen zu beachten, die angeben, dass die genannten Aspekte an ihrer Schule nicht praktiziert wurden bzw. gar nicht vorkamen (6,4 % bis 11,8 %).

Der grundsätzlich angestrebte Verzicht der Montessori-Schule auf Noten/Punkte sowie der Verzicht auf Tests und Klassenarbeiten – vor allem in den unteren Jahrgangsstufen – werden von 59,8 % bzw. 42,8 % der Befragten als wichtig oder für eher wichtig eingeschätzt. 28,8 % bzw. 33,4 % kreuzten hierzu *„eher unwichtig/unwichtig"* an. Dabei ist wiederum der prozentuale Anteil derjenigen zu berücksichtigen, der die Antwortkategorie *„Kam nicht vor"* gewählt hat (15,1 % bzw. 23,1 %). Betrachtet man nur die Gruppe derjenigen, die angibt, dass beide Aspekte an der eigenen Schule vorkamen, halten 70,6 % den Verzicht auf Noten/Punkte und 56,4 % den Verzicht auf Tests/Klassenarbeiten für mehr oder weniger wichtig. Damit steigt allerdings in gleichem Maße der Anteil derjenigen, der beides für eher unwichtig bzw. unwichtig einschätzt (beim Notenverzicht auf 32,4 % und beim Verzicht auf Test/Klassenarbeiten auf 43,4 %).

7.3 Persönliche Erfahrungen in und mit der Montessori-Schule

7.3.1 Lernen und Unterricht

In Abbildung 4 sind die Ergebnisse zum Themenbereich *„Lernen und Unterricht"* wiedergegeben (vierstufige Antwortmöglichkeit: *„trifft zu"* – *„trifft eher zu"* – *„trifft eher nicht zu"* – *„trifft nicht zu"*; ohne Ausweichoption).

Abbildung 4: Lernen und Unterricht (in %)

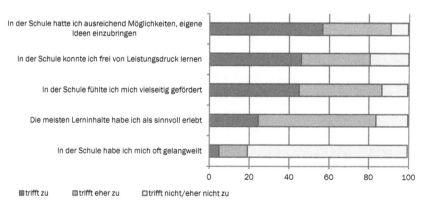

Die größte Zustimmung durch die befragten Ehemaligen erfuhren die folgenden Aussagen:
- *„In der Schule hatte ich ausreichend Möglichkeiten zum Einbringen eigener Ideen"* (90,7 %, davon 56,6 % *„trifft zu"* und 34,1 % *„trifft eher zu"*)
- *„In der Schule fühlte ich mich vielseitig gefördert"* (86,4 %, davon 44,9 % *„trifft zu"* und 41,5 % *„trifft eher zu"*)
- *„Die meisten Lerninhalte habe ich als sinnvoll erlebt"* (83,5 %, davon 24,5 % *„trifft zu"* und 59 % *„trifft eher zu"*)
- *„In der Schule konnte ich frei von Leistungsdruck lernen"* (80,5 %, davon 46 % *„trifft zu"* und 34,5 % *„trifft eher zu"*)

19,1 % der Absolvent:innen geben an, sich in der Schule oft gelangweilt zu haben, für die meisten (80,1 %) war das wohl nicht der Fall (*„trifft nicht zu"*: 34,5 %, *„trifft eher nicht zu"*: 45,6 %). Die Aussage, sich in der Schule gelangweilt zu haben, korreliert negativ mit den folgenden Aspekten:
- *„In der Schule fühlte ich mich vielseitig gefördert"* (r=–0,41)[11]
- *„Die meisten Lerninhalte habe ich als sinnvoll erlebt"* (r=–0,44)

Demnach sind die erlebte Vielseitigkeit und Sinnhaftigkeit der Lerninhalte entscheidende Parameter für die Vermeidung von Langeweile in der Schule. Ferner geben die männlichen Ehemaligen (M=1,98)[12] signifikant häufiger als die weiblichen Absolvent:innen an, sich in der Schule gelangweilt zu haben (M=1,82). Auch ist festzustellen, dass die erlebte Langeweile in der Schule deutlich abnimmt, je länger der Schulbesuch zurückliegt (bis 24 Jahre: M=1,94; ab 24 Jahre: M=1,81).

Inwiefern auch das Leistungsvermögen der Schüler:innen in diesem Zusammenhang von Bedeutung ist, kann aus den vorliegenden Daten nicht erschlossen werden.

7.3.2 Lehrer und Unterricht

Die Ergebnisse zum Inhaltsbereich „Lehrer und Unterricht" sind in Abbildung 5 zusammengefasst. Es wird deutlich, dass das Lehrer-Schüler-Verhältnis an der Montessori-Schule in der mehrheitlichen Meinung der Befragten durch gegenseitige Wertschätzung und Rücksichtnahme geprägt war, was auch darin zum Ausdruck kommt, dass sich die meisten Ehemaligen (92,4 %, davon 65,8 % *„trifft*

---

11 Bivariate Korrelation nach Pearson.
12 M = Mittelwert.

zu" und 26,6 % *„trifft eher zu"*) durch ihre Lehrer:innen ernst genommen gefühlt haben. Zudem geben 90,3 % an (davon 39,8 % *„trifft eher zu"*), dass die meisten Lehrer:innen Verständnis für die Sorgen und Nöte ihrer Schüler:innen hatten. 10,2 % haben das Verhältnis zu ihren Lehrer:innen allerdings häufig auch als zu eng empfunden.

Für die letzten beiden in Abbildung 5 genannten Aussagen verhalten sich die Anteile von *„trifft nicht zu"* und *„trifft eher nicht zu"* wie folgt:
- ein zu enges Lehrer-Schüler-Verhältnis: *„trifft nicht zu"*: 56,6 %; *„trifft eher nicht zu"*: 33,1 %
- Erleben von Ausgrenzung: *„trifft nicht zu"*: 68,4 %, *„trifft eher nicht zu"*: 22,7 %

Abbildung 5: Lehrer und Unterricht (in %)

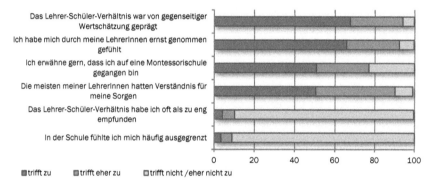

7.3.3 Sonstiges

76,6 % der Befragten stimmen der Aussage zu, dass sie gegenüber Dritten gerne erwähnen, auf eine Montessori-Schule gegangen zu sein, für 22,9 % trifft dies hingegen nicht bzw. eher nicht zu.

Positive Korrelationen zu dieser Aussage lassen sich vor allem in Bezug auf die Förderung des Selbstwerterlebens finden:
- sich von den Lehrkräften ernstgenommen gefühlt zu haben (r=0,43)
- günstiger Einfluss der Schule auf das Selbstvertrauen (r=0,42)
- günstiger Einfluss der Schule auf das Selbstgefühl (r=0,44)

Ferner stimmen die ehemaligen Schülerinnen dieser Aussage insgesamt etwas häufiger zu (M=3,28) als die Schüler (M=3,10). Bemerkenswert ist in diesem Zusammenhang auch, dass diejenigen Absolvent:innen, die Deutsch nicht als Muttersprache haben, diese Aussage deutlich häufiger bejahen (M=3,46)[13] als jene, die angeben, Deutsch als Muttersprache zu haben (M=3,19). Dies kann als Hinweis darauf gedeutet werden, dass diejenigen, die nicht Deutsch als Muttersprache haben, in ihrer Zeit an der Montessori-Schule ein positives Zugehörigkeitsgefühl entwickelt haben.

Schließlich korreliert die Aussage, gerne zu erwähnen, auf eine Montessori-Schule gegangen zu sein, auch mit dem Item „*Würden Sie heute noch einmal auf eine Montessori-Schule gehen?*" (r = 0,47). Diese Frage wird von 88,1 % der befragten Ehemaligen bejaht und von 11,3 % verneint (keine Angabe: 0,6 %).

Die Aussage, wieder auf eine Montessori-Schule gehen zu wollen, steht in Zusammenhang mit dem Gefühl, durch die Lehrkräfte ernst genommen worden zu sein (r=0,41), mit der erlebten Lernfreude (r=0,46) und mit der Entwicklung des eigenen Selbstwertgefühls (r=0,44).

7.4 Einfluss von Schule

In diesem Teil des Fragebogens wurden die Absolvent:innen gebeten, den Grad des Einflusses anzugeben, den sie ihrer Schule – den Lehrer:innen, den Mitschüler:innen, dem Unterricht, den vermittelten Lerninhalten etc. – auf verschiedene Aspekte ihrer Person zuschreiben bzw. zugestehen (vierstufige Antwortmöglichkeit: „*Die Montessori-Schule hatte einen günstigen / eher günstigen / eher ungünstigen / ungünstigen*" oder „*keinen Einfluss*"). Die Befragten gaben ihre Stellungnahmen und Urteile zu insgesamt 37 Aussagen ab. Diese wurden einer der folgenden Inhaltskategorien zugeordnet:
- Persönlichkeitsförderung
- Lebensweltorientierung
- Wissensvermittlung, Lernen und Umgang mit Wissen
- Soziales Lernen, Sozialverhalten

---

13 Hier liegt zwar nur eine Tendenz und keine Signifikanz vor. Dies ist aber vermutlich allein auf die kleine Fallzahl der Teilnehmer:innen mit anderen Muttersprachen (N=26) zurückzuführen ist.

7.4.1 Persönlichkeitsförderung

In Abbildung 6 sind die Ergebnisse zu Fragen nach dem schulischen Einfluss auf die Entwicklung verschiedener Persönlichkeitsaspekte der Absolvent:innen dargestellt.

Abbildung 6: Einfluss von Schule auf die Entwicklung der Persönlichkeit der Schüler (in %)

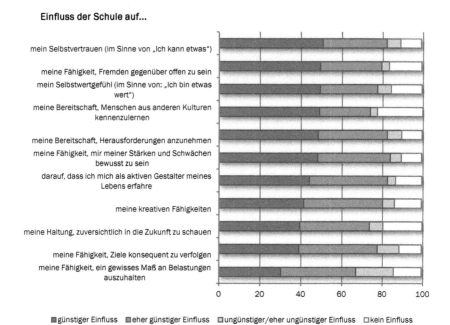

Rund 80 % der Befragten bringen zum Ausdruck, dass der Besuch der Montessori-Schule einen günstigen/eher günstigen Einfluss
- auf die Entwicklung ihres Selbstvertrauens, ihres Selbstwertgefühls und auf ihre kreativen Fähigkeiten,
- auf ihre Fähigkeit, sich der eigenen Stärken und Schwächen bewusst zu sein,
- auf ihre Bereitschaft, Herausforderungen anzunehmen, sowie
- auf die Fähigkeit hatte, Ziele konsequent zu verfolgen und Fremden gegenüber offen zu sein.

Gleichermaßen gestehen um die 80 % der Befragten ihrer Schule einen mehr oder weniger günstigen Einfluss darauf zu, sich selbst als aktive:n Gestalter:in des eigenen Lebens zu erfahren (Stichwort: Selbstwirksamkeit).

Vergleichsweise etwas zurückhaltender (rund 70 % der Befragten) wird hingegen der schulische Einfluss auf die Entwicklung der eigenen Haltung eingeschätzt, zuversichtlich in die Zukunft zu schauen (19,3 % kreuzten hier „*keinen Einfluss*" an). Gleiches gilt für die Fähigkeit, ein gewisses Maß an Belastungen auszuhalten (66,9 % wählten „*günstigen/eher günstigen Einfluss*" und 13,6 % „*keinen Einfluss*") sowie Fremden gegenüber offen zu sein (79,4 % empfanden einen „*günstigen/eher günstigen Einfluss*" und 16 % „*keinen Einfluss*" darauf).

Im Kontext einer überwiegend positiven Schulerfahrung haben viele ehemalige Montessori-Schüler:innen die empfundene Förderung der Entwicklung der eigenen Persönlichkeit auch in den freien Antworten in positiver Weise zum Ausdruck gebracht, und zwar v. a. im Hinblick auf die Entwicklung bzw. Förderung ihrer Selbständigkeit, ihres Selbstbewusstseins und ihres Selbstvertrauens sowie hinsichtlich des eigenen Neugier-Verhaltens („*Neues ausprobieren zu dürfen*"; siehe hierzu besonders Kapitel 6). Vereinzelt wird dabei auch explizit das Gefühl der Selbstwirksamkeit genannt.

7.4.2 Lebensweltorientierung

Abbildung 7 zeigt die Ergebnisse zu Fragen nach dem schulischen Einfluss auf Aspekte, die sich auf die Entwicklung persönlicher Vorlieben, Einstellungen, Werte und bestimmter Verhaltensweisen der Befragten beziehen (hier umschrieben mit „Lebensweltorientierung").

Abbildung 7: Einfluss von Schule auf die Lebensweltorientierung (in %)

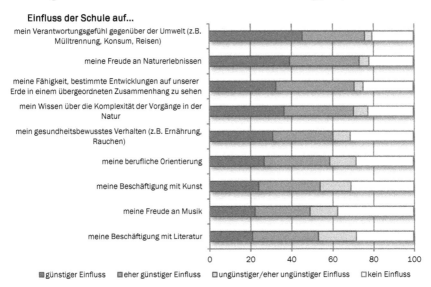

Zunächst fällt auf, dass der Anteil derjenigen, der dem eigenen Schulbesuch in dieser Hinsicht keinen besonderen Einfluss einräumt bzw. zugesteht, im Vergleich zu den anderen im Fragebogen thematisierten Inhaltsbereichen (z. B. „Persönlichkeitsförderung" oder „Sozialkompetenz") relativ hoch ist (rund 30 %). Dies zeigt einmal mehr, dass Schule im Leben bzw. in der Sozialisation von Kindern und Jugendlichen zwar eine bedeutsame, neben dem Einfluss von Eltern, Verwandten, Bekannten und Freund:innen aber auch keine dominante Position bzw. Rolle einnimmt.

Etwa zwei Drittel der Absolvent:innen schreiben dem Besuch der Montessori-Schule einen mehr oder weniger günstigen Einfluss auf die Entwicklung ihres Verantwortungsgefühls gegenüber der Umwelt (wie z. B. Mülltrennung), auf die Freude an Naturerlebnissen sowie auf die Fähigkeit zu, bestimmte Entwicklungen auf unserem Planeten in einem übergeordneten Zusammenhang zu sehen. Die „Kosmische Erziehung"[14] sowie die vielen naturbezogenen und auch sozialen Angebote an den Montessori-Schulen dürften dabei – neben dem Elternhaus – eine wesentliche Rolle in der Entwicklung dieser Aspekte spielen. Der schulische Einfluss auf das eigene gesundheitsbewusste Verhalten wird von den Ehemaligen hingegen vergleichsweise zurückhaltender eingeschätzt (60,1 %, davon 30,8 % *„günstig"* und 29,3 % *„eher günstig"*). Dies kommt auch darin zum Ausdruck, dass 31 % ihrer Schule hierzu *„keinen Einfluss"* zugestehen. Gleichermaßen geben rund 60 % durch ihre Antworten zu verstehen, dass Schule einen mehr oder weniger günstigen Einfluss auf ihre berufliche Orientierung hatte (58,5 %, davon 26,6 % *„günstig"*; 28,2 % kreuzten *„kein Einfluss"* an). Auch im Hinblick auf die Beschäftigung mit Kunst, Musik oder Literatur fällt der Einfluss des Besuchs der Montessori-Schule eher moderat aus. Konkret wird er von etwa der Hälfte aller Befragten als mehr oder weniger günstig eingeschätzt, etwa ein Drittel gesteht dem eigenen Schulbesuch hierauf keinen Einfluss zu.

---

14 Maria Montessori, die ihr Konzept zur Kosmischen Erziehung erstmals im Jahr 1935 vorgestellt hat, entwickelte die Auffassung, dass die Gesamtheit der Natur – sowohl die belebte als auch die unbelebte – seit der Entstehung des Universums bis in die heutige Zeit hinein einem einheitlichen „Kosmischen Plan" folgt, dessen Bestandteile in gegenseitiger Abhängigkeit zueinander stehen. In der Montessori-Pädagogik geht es bei der Kosmischen Erziehung deshalb vor allem darum, Kinder dabei zu unterstützen, ihren Platz im „großen Ganzen", d. h. in der Welt zu finden. Weiß das Kind um seinen eigenen „Standpunkt" in der Welt, wird ihm in der Regel auch die Verantwortung, die es durch sein Handeln in dieser Welt hat, bewusst.

7.4.3 Wissensvermittlung, Lernen und Umgang mit Wissen

In Abbildung 8 sind die Ergebnisse zur Einschätzung des schulischen Einflusses auf verschiedene Aspekte der Wissensvermittlung, des Lernens und des Umgangs mit Wissen wiedergegeben.

Abbildung 8: Einfluss von Schule auf Wissen und Lernen (in %)

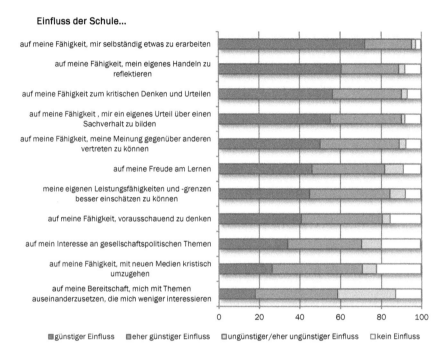

Den in diesem Inhaltsbereich günstigsten Einfluss hatte Schule nach Meinung der überwiegenden Mehrzahl der Befragten (etwa 90 %) auf
- die Fähigkeit, sich selbständig etwas erarbeiten zu können (95,1 %, davon 72 % *„günstiger Einfluss"*),
- die Fähigkeit zum kritischen Denken und Urteilen (90,1 %, davon 56,1 % *„günstiger Einfluss"*),
- die Fähigkeit, sich ein eigenes Urteil über einen Sachverhalt zu bilden (90,1 %, davon 55 % *„günstiger Einfluss"*),
- die Fähigkeit, die eigene Meinung gegenüber anderen zu vertreten (88,9 %, davon 50 % *„günstiger Einfluss"*) sowie
- die Fähigkeit, das eigene Handeln zu reflektieren (86,7 %, davon 60,5 % *„günstiger Einfluss"*).

Rund 80 % attestieren ihrer Schule einen mehr oder weniger günstigen Einfluss auf das Kennenlernen der eigenen Leistungsfähigkeiten und -grenzen (85,2 %, davon 44,8 % „*günstiger Einfluss*"), gefolgt von der Freude am Lernen (81,6 %, davon 46 % „*günstiger Einfluss*") und der Fähigkeit, vorausschauend zu denken (80,4 %, davon 40,8 % „*günstiger Einfluss*"; 15,4 % kreuzten „*kein Einfluss*" an).

Vergleichsweise deutlich zurückhaltender fallen die Urteile zum schulischen Einfluss auf die Fähigkeit der Befragten zum kritischen Umgang mit neuen Medien (70,7 %, davon 26,3 % „*günstiger Einfluss*"; 22,1 % „*kein Einfluss*"), auf das Interesse an gesellschaftspolitischen Themen (60,4 %, davon 34 % „*günstiger Einfluss*"; 19,4 % „*kein Einfluss*") und auf die Bereitschaft aus, sich als Schüler:in auch mit weniger interessanten Themen auseinanderzusetzen (58,5 %, davon 17,9 % „*günstiger Einfluss*"; 12,9 % „*kein Einfluss*").

7.4.4 Soziales Lernen, Sozialverhalten

Die Ergebnisse zum schulischen Einfluss auf die Entwicklung bestimmter sozialer Kompetenzen sind in Abbildung 9 zusammengefasst.

Abbildung 9: Einfluss von Schule auf die Entwicklung sozialer Kompetenzen (in %)

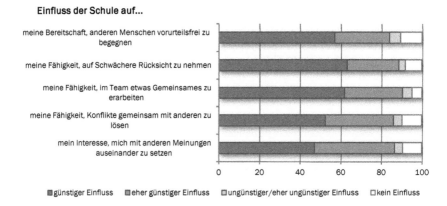

Die überwiegende Mehrzahl der ehemaligen Montessori-Schüler:innen (um die 90 %) schreibt der eigenen Schule (den Lehrer:innen, den Mitschüler:innen, dem Unterricht etc.) in der Retrospektive einen mehr oder weniger günstigen Einfluss auf ihre Fähigkeit zu,
- im Team etwas gemeinsam zu erarbeiten (90,3 %, davon 61,6 % „*günstiger Einfluss*"),
- auf Schwächere Rücksicht zu nehmen (88,5 %, davon 63 % „*günstiger Einfluss*"),

- sich mit anderen Meinungen auseinanderzusetzen (86,5 %, davon 47 % „*günstiger Einfluss*") und
- Konflikte mit anderen lösen zu können (85,9 %, davon 52,3 % „*günstiger Einfluss*").

83,9 % geben zudem zu verstehen, dass Schule einen günstigen (56,8 %) bzw. eher günstigen (27,1 %) Einfluss auf ihre Bereitschaft hatte, anderen Menschen vorurteilsfrei zu begegnen.

Der Anteil derjenigen, der dem eigenen Schulbesuch in diesem Kontext keinen Einfluss zugesteht, ist im Vergleich zu den anderen Inhaltsbereichen deutlich geringer. Konkret liegt er zwischen 0,8 % und 10,4 %. Dies zeigt, wie wichtig die Sozialisationsfunktion von Schule für die jungen Heranwachsenden ist und wie gut sie an den Montessori-Schulen in der Wahrnehmung und Beurteilung der Absolvent:innen auch umgesetzt wird bzw. funktioniert.

7.4.5 Zusammenfassung

Die Fragen zum schulischen Einfluss sollten Hinweise darauf geben, in welchen Bereichen Montessori-Schulen aus der Perspektive ehemaliger Schüler:innen ihre Stärken und wo sie ihre Schwächen haben. Den größten Einfluss gestehen die befragten Absolvent:innen ihrer Schule bzw. ihrem Schulbesuch sowohl auf die Entwicklung bestimmter Persönlichkeitsaspekte (z. B. Selbstwertgefühl, Kreativität) als auch auf die Entwicklung verschiedener sozialer Kompetenzen zu (z. B. Rücksichtnahme auf Schwächere; Zusammenarbeit mit Mitschüler:innen). Die Ergebnisse weisen aber auch darauf hin, in welchen Bereichen Montessori-Schulen noch stärkere Akzente in ihrer pädagogischen Arbeit setzen sollten bzw. könnten, so z. B. bei der Vermittlung eines kritischen Umgangs mit neuen Medien. Allerdings dürfen die Befunde auch nicht überinterpretiert werden, zumal bei den Angaben zum schulischen Einfluss unklar bleibt, auf was er sich im Einzelfall konkret bezieht (z. B. auf eine bestimmte Person, auf ein bestimmtes Fach, auf ein spezifisches Praktikum) und welche Einflussfaktoren außerhalb von Schule im Einzelfall noch eine Rolle gespielt haben (z. B. Peers), was auch altersabhängig zu betrachten wäre.

8 Auseinandersetzung mit den Grundlagen der Montessori-Pädagogik

Dirk Randoll

61,6 % der befragten Ehemaligen (N=493) geben an, sich mit den Grundlagen der Montessori-Pädagogik aktiv auseinandergesetzt zu haben, 37,3 % (N=298) verneinen dies. Die Zusatzfrage „*Wenn ja, in welcher Hinsicht*" wurde von 351 Proband:innen beantwortet. Die 404 hierzu ermittelten Antworten wurden einer der folgenden Inhaltsbereiche zugeordnet:

- Im Rahmen des Besuchs eines Kinderhauses/der Montessori-Schule (N=120 bzw. 29,7 % aller Stellungnahmen; z. B. „*Da ich seit dem Kindergarten mit der Montessori-Pädagogik in Kontakt bin*"; „*Ich habe sie seit dem Kindergarten persönlich erlebt*"; „*Als ich an der Schule war, weil ich mich dafür interessierte, was für eine Schule ich besuche*"; „*Als Schüler, um nicht-Montis das Konzept erklären zu können*"; „*Beim Schulwechsel*"; „*Durch meinen Schulbesuch*")
- Nach der Schulzeit (N=87 bzw. 21,5 % aller Stellungnahmen; z. B. „*Allerdings erst hinterher. Nach meinem Abitur habe ich mich informiert, was genau Montessori-Anteile in meiner Schulzeit waren*"; „*Besonders nach meinem Abgang aufgrund der FOS (Pädagogik und Psychologie)*")
- Im Rahmen einer Ausbildung/eines Studiums (N=49 bzw. 12,1 % aller Stellungnahmen; z. B. „*Als Teil der sozialen Fachrichtung im Fach Pädagogik und Psychologie*"; „*Auf meiner Berufsschule und aus eigenem Interesse*"; „*Fachoberschule im Sozialen*"; „*Während meiner Ausbildung zur Kinderpflegerin*"; „*Vor der Bewerbung*"; „*Anmeldung zu Montessori Biberkor-Kurs*" [eine der Montessori-Ausbildungskursanbieter]; „*Ich habe eine Hausarbeit an meiner Hochschule über Inklusion verfasst. Darin habe ich mich auch mit der Montessori-Pädagogik auseinandergesetzt*"; „*Ich habe nun den ersten Kurs für das Montessori-Diplom abgeschlossen*")
- Aus persönlichem Interesse (N=48 bzw. 11,9 % aller Stellungnahmen; z. B. „*Interesse*"; „*Buch gelesen*"; „*Der Lehransatz, das Menschenbild, die Geschichte und teilweise über die Materialien*"; „*Entwicklungs- und Lernphasen der Kinder*"; „*Eigene Recherche aus Interesse*")
- Im beruflichen Kontext (N=37 bzw. 9,2 % aller Stellungnahmen; z. B. „*Beruflich*"; „*Als Therapeutin…*"; „*Praktikum im Montessori Kindergarten*")

- Im eigenen Elternhaus (N=19 bzw. 4,7 % aller Stellungnahmen; z. B. *„Durch meine Mutter"*; *„Gespräche mit Eltern"*; *„Ich habe mit meinen Eltern und Freunden darüber geredet was für Unterschiede das System im Vergleich zu anderen Schulen aufweist"*)
- Durch Berichte anderer (N=12 bzw. 2,9 % aller Stellungnahmen; z. B. *„Aber eher passiv, indem mir darüber erzählt wurde"*; *„Durch meinen Bruder, der das Montessori-Diplom macht"*)
- Bei der Erziehung eigener Kinder (N=14 bzw. 3,5 % aller Stellungnahmen; z. B. *„Als Mama"*; *„In Bezug auf meine eigenen Kinder"*)
- Im Rahmen der Entwicklung der eigenen Persönlichkeit (N=5 bzw. 1,2 % aller Stellungnahmen; z. B. *„Bzgl. Selbstreflexion, Selbsteinschätzung, persönliche Neigungen/Talente finden, fördern"*; *„Ja, man ist auf sich selber gestellt und muss Aufgaben sowohl in Gruppen als auch selbständig lösen"*; *„Größtenteils mit [...] der eigenen Persönlichkeitsveränderung"*)
- Sonstiges (N=13 bzw. 3,2 % aller Stellungnahmen; z. B. *„Immer wurde nur geholfen"*; *„Individuelle Würde"*; *„Präsentation von Dominik"*)

9 Bedeutung der Montessori-Pädagogik im Leben der Befragten

Dirk Randoll

63,1 % (N=488) der ehemaligen Schüler:innen stimmen der Aussage zu, dass die Montessori-Pädagogik bzw. das ihr zugrunde liegende Menschenbild in ihrem heutigen Leben in irgendeiner Hinsicht von Bedeutung ist, 34 % (N=272) verneinen dies. Die meisten der abgegebenen Stellungnahmen zur Frage „*Wenn ja, in welcher Beziehung*" haben in der Regel mehrere Aspekte zum Inhalt, wie das folgende Beispiel zeigt:

> „Ja, das Konzept hilft mir in vielen Lebenssituation weiter. Ich kann gut Dinge präsentieren, vor Menschen sprechen, schaffe es mir Dinge selbst beizubringen (Hilf mir, es selber zu machen), schaffe es, mich selbst wertzuschätzen, bin offen zu Menschen und hilfsbereit (altersübergreifende Gruppenarbeiten), habe ein gutes Zeitmanagement (Freiarbeit), ich weiß, wie ich Dinge am besten lerne und verstehe gut Zusammenhänge (durch verschiedene Materialien). Also vor allem bei der Arbeit, beim Studium oder bei menschlichen Interaktionen haben die Aspekte einen großen Stellenwert."

Insofern wird die im Folgenden vorgenommene getrennte Betrachtung der Antworten und deren Zuordnung zu einem bestimmten Inhaltsbereich dem ganzheitlich-kontextuellen Charakter der Stellungnahmen zwangsläufig nicht bzw. nur unzureichend gerecht.

Auf die Frage nach der Bedeutung der Montessori-Pädagogik im Leben der Befragten wurden 1.058 Stellungnahmen abgegeben (entspricht 1,5 Antworten pro Probanden) und einer der folgenden Inhaltsbereiche zugeordnet:

- Selbständigkeit, eigenes Urteilsvermögen, eigene Meinungsbildung; selbständiges und selbstverantwortliches Lernen, Handeln und Arbeiten (N=424 bzw. 40,1 % aller Stellungnahmen; z. B. „*Selbständiges Lernen und Planen*"; „*Das selbständige Lernen begleitet mich jetzt auch im Studium*"; „*Einfach mal machen und versuchen*"; „*Hilf mir, es selbst zu tun*"; „*Das eigenständige erarbeiten von Themen*"; „*Das Lernen erlernt zu haben hilft oftmals weiter*"; „*Als ich Abitur gemacht habe, hat mir meine Selbständigkeit und Zielbewusstsein sehr geholfen*"; „*An sich selbst glauben, man selbst weiß schon am besten wie man es macht"; „Arbeiten nach Interesse und eigener Motivation ist super wichtig für mich, da bin ich dann auch am besten"; „Besonders bei meiner politischen Meinungsbildung (Akzeptanz, gegenseitiges Verständnis, freie Persönlichkeitsentfaltung)"; „In meinem Urteilsvermögen"; „Den Fokus auf die Selbständigkeit von Menschen zu legen ist einfach cool und endlich kommen wir weg von einer objektbezogenen Sichtweise hin zu einer personenzentrierten empowerndenden Haltung"*)

- Im beruflichen Zusammenhang (N=310 bzw. 29,3 % aller Stellungnahmen; z. B. *„Als Führungskraft"; „Als Ausbilder nach dem Grundsatz ‚Hilf mir es selbst zu tun'"; „Als Gruppenleiter [...] setze ich die Pädagogik oft unbewusst um"; „Das Prinzip ‚Hilf mir es selbst zu tun' als Leitgedanke für mein Handeln als Ergotherapeutin"; „Ich versuche in meiner Arbeit als Erzieherin gerade im Krippenbereich oft mit Materialien zu arbeiten, die der Montessoripädagogik entsprungen sind"; „Als Gruppenleiter bei den Pfadfindern setze ich die Pädagogik oft unbewusst um"; „Ich arbeite im Hochschulkontext und beschäftige mich mit Lehr-Lernformen"*)

- Eigene Offenheit, Toleranz, Rücksichtnahme und Hilfsbereitschaft (N=273 bzw. 25,8 % aller Stellungnahmen; z. B. *„Offener Umgang mit Leuten anderer Herkunft, anderer körperlicher sowie geistiger Verfassung"; „Akzeptanz, gegenseitiges Verständnis"; „Der offene und positive Umgang in meinem Umfeld und Konfliktbewältigung"; „Die Montessori Mentalität prägt meine Mentalität"; „Ganzheitliches Betrachten von Problemen, Menschen und Situationen"; „Gleichheit, Gerechtigkeit"; „Hilfsbereitschaft"; „Der Umgang mit Menschen mit einer psychischen oder physischen Behinderung"; „Der Umgang miteinander, den ich an der Schule gelernt habe (z. B. auf andere Rücksicht zu nehmen), ist mir heute noch sehr wichtig"; „Ehrlichkeit, Offenheit, Miteinander, Kritikfähigkeit"*)

- Bei der Erziehung der eigenen Kinder (N=86 bzw. 8,1 % aller Stellungnahmen; z. B. *„Erziehung der eigenen Kinder – Selbstverantwortliches Handeln früh fördern"; „Ich habe ein Kind und versuche sie so viel wie möglich selber erkunden zu lassen, ohne dass sie die ganze Zeit das Gefühl haben muss beobachtet zu werden"*)

- Allgemein: „Menschlichkeit" (N=26 bzw. 2,5 % aller Stellungnahmen; z. B. *„Da diese auf Menschlichkeit und der Individualität basiert"; „Das Menschliche"*)

- Persönlicher Umgang mit dem Thema Leistung bzw. Einstellung zur Leistungsgesellschaft (N=24 bzw. 2,4 %; z. B. *„Die tägliche Herausforderung im Job locker zu meistern und sich nicht unter Druck zu setzten"; „Reflektion der wirklich wichtigen, zielorientierten aber dennoch nicht ausschließlich nach*

Leistung ausgerichteten Lernmodelle im Vergleich zu anderen Bildungseinrichtungen")
- Sonstiges (N=15 bzw. 1,4 % aller Stellungnahmen; z. B. *„Die v. a. positiven Folgen, die ich dadurch trage"; „Einstellungen und Entscheidungen"; „Ich bin mir sehr bewusst darüber, dass und inwiefern ich von dem System profitiert habe"; „Im Vergleich zur Staatlichen Schule ist mir aufgefallen, wie ‚geil' Montessori ist"*)

Die meisten Antworten auf die Frage nach der Bedeutung der Montessori-Pädagogik im Leben der Befragten beziehen sich also auf die Aspekte der Selbständigkeit, der Eigenständigkeit, des Urteilsvermögens und der Selbstverantwortung sowie auf bestimmte Persönlichkeitseigenschaften wie z. B. die eigene Offenheit, Toleranz oder Hilfsbereitschaft gegenüber anderen. Dies zeigt sich in verschiedenen Lebensbereichen/-zusammenhängen bzw. kommt dort zum Tragen, etwa bei der Erziehung der eigenen Kinder oder im beruflichen Alltag als Erzieher:in, Ausbilder:in oder Führungskraft. Zudem weisen einige Antworten auf bestimmte Einstellungen bzw. Haltungen der Befragten in Bezug auf den Umgang mit den in den westlichen Kulturen besonders ausgeprägten Leistungsanforderungen und deren mögliche Folgen hin (z. B. stressbedingte Überforderungen oder daraus resultierende Krankheiten). Einige der Befragten scheinen eher gelassen damit umzugehen.

10 Differenzierungen

Dirk Randoll und Jürgen Peters

Die Antworten zu den geschlossenen Fragen wurden im Hinblick auf das Geschlecht der Befragten, auf ihren Berufs- bzw. Ausbildungsstatus sowie auf die Untergruppe der „Grundständigen" differenziert betrachtet. Von den 800 Teilnehmenden gaben bei der Frage nach dem Geschlecht 423 „weiblich" (52,9 %) und 364 „männlich" (45,5 %) an. Die Gruppe der Personen, die „inter/divers" ankreuzten, war mit 6 Proband:innen zu klein, um bei der Analyse als eigenständige Kategorie berücksichtigt zu werden.

Die Angaben zum Beruf wurden zwei Gruppen zugewiesen: 1. bereits Berufstätige (N=412) bzw. noch in Ausbildung; 2. Studierende (N=316).[15]

Schließlich wurden die Aussagen der „Quereinsteiger" (ab Klasse 5 aufwärts) mit denjenigen der „Grundständigen" verglichen, die nach eigenen Angaben seit der 1. Klasse eine Montessori-Schule besucht haben oder in den ersten vier Schuljahren in eine Montessori-Schule eingetreten sind.

Der Vergleich zwischen den einzelnen Bundesländern – soweit dies durch die entsprechenden Fallzahlen überhaupt möglich war – zeigte nur sehr geringe Unterschiede im Antwortverhalten der Befragten, auf die im weiteren Verlauf der Analyse gesondert eingegangen wird.

Weil lediglich 46 der 800 Befragten (5,8 %) angegeben haben, eine staatliche (kommunale) Montessori-Schule besucht zu haben (die einzige öffentliche Schule in dieser Stichprobe), erscheint eine Differenzierung der Antworten ehemaliger Montessori-Schüler:innen aus privaten gegenüber staatlichen Schulen nicht sinnvoll.

10.1 Differenzierung nach Geschlecht

Von den zwölf Fragen zum Inhaltsbereich „Einschätzung der Wichtigkeit von Elementen der Montessori-Pädagogik" zeigt das Antwortverhalten der beiden Teilstichproben „weiblich" vs. „männlich" bei insgesamt acht Fragen (entspricht 66,6 %) signifikante Mittelwertunterschiede (siehe Abbildung 10).

---

15 72 Befragte machten hierzu keine Angaben.

Abbildung 10: Montessori-Elemente differenziert nach Geschlecht (Mittelwerte[16])
„Welche der folgenden Elemente der Montessori-Pädagogik halten Sie heute für wichtig?"

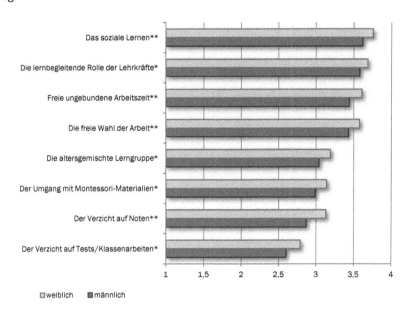

(1=„nicht wichtig", 2=„eher nicht wichtig", 3=„eher wichtig", 4=„wichtig")

Auffallend erscheint, dass die weiblichen Probandinnen alle acht Fragen, die von den beiden Teilstichproben in unterschiedlicher Weise beantwortet wurden, positiver bzw. günstiger beurteilt haben als die männlichen. Besonders auffallend sind die unterschiedlichen Einschätzungen bei der Frage nach dem Verzicht auf Noten. Konkret halten dies 63,2 % der weiblichen gegenüber 49,6 % der männlichen Befragten für *„wichtig"* bzw. für *„eher wichtig"*. Die Urteile zum Verzicht auf Klassenarbeiten weisen in dieselbe Richtung. Signifikante Unterschiede im Antwortverhalten der beiden Gruppen ergeben sich auch bei den Fragen zum sozialen Lernen sowie zum Umgang mit Freiheit – sowohl bei der Wahl der Aufgaben als auch bei deren Bearbeitung. Das heißt, dass auch diese Aspekte von den Schülerinnen für bedeutsamer eingeschätzt werden als von den Schülern.

Die Tendenz einer positiveren Beurteilung durch die weiblichen Probandinnen zeigt sich auch in Bezug auf die Fragebereiche „Lehrer und Unterricht" sowie bei den Fragen zum Einfluss von Schule.

---

16 * = signifikant auf dem Niveau p ≤ 0,05; ** = signifikant auf dem Niveau p ≤ 0,005.

Abbildung 11: Lehrer und Unterricht differenziert nach Geschlecht (Mittelwerte)

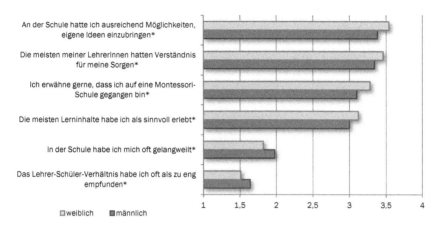

(1=„trifft nicht zu", 2=„trifft eher nicht zu", 3=„trifft eher zu", 4=„trifft zu")

Von den elf zum Themenbereich „Lehrer und Unterricht" zur Beantwortung vorgegebenen Fragen ergeben sich bei sechs (54,5 %) signifikante Mittelwertunterschiede im Antwortverhalten der beiden Geschlechter.[17] Dabei bringen die Schülerinnen deutlicher als die Schüler zum Ausdruck, dass sie ausreichend Möglichkeiten hatten, in der Schule eigene Ideen einzubringen. Dies hängt auch mit der größeren Wertschätzung der Freiheit zusammen, die die Schülerinnen häufiger als die Schüler angeben (siehe Abbildung 10). Die ehemaligen Schülerinnen geben auch häufiger als die Schüler an, dass ihre Lehrer:innen Verständnis für ihre Sorgen und Nöte hatten. Zudem sagen bedeutend mehr Schülerinnen als Schüler aus, den Unterreicht in der Schule als sinnvoll erlebt zu haben – was auch damit korreliert, dass sie ihn seltener als langweilig empfunden haben. Für 16,7 % der ehemaligen Schülerinnen trifft dies zu bzw. eher zu. Bei der männlichen Gruppe liegt der Anteil bei 22,3 %.

Von den 36 zum Einfluss von Schule zur Beantwortung vorgegebenen Fragen ergaben sich im Antwortverhalten der beiden Geschlechter bei 13 Fragen (entspricht 38,1 %) signifikante Mittelwertunterschiede.

---

17 Da die letzten zwei Items negativ formuliert waren, kehrt sich hier die Balkendarstellung um.

Abbildung 12: Einfluss der Schule auf Sinnhaftigkeit und Selbstbestimmung differenziert nach Geschlecht (Mittelwerte[18])

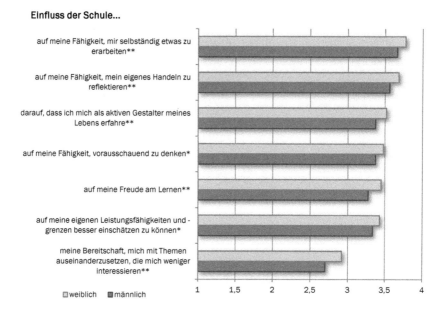

(1=„ungünstiger Einfluss", 2=„eher ungünstiger Einfluss", 3=„eher günstiger Einfluss", 4=„günstiger Einfluss")

Aus den in Abbildung 12 dargestellten Ergebnissen geht hervor, dass die weiblichen Befragten ihrer Schule bzw. ihrem Schulbesuch einen größeren Einfluss auf die Entwicklung ihrer Selbständigkeit, auf ihr Reflexionsvermögen und auf ihre Lernfreude zugestehen. Auch der Einfluss von Schule auf die eigene Fähigkeit, sich mit Themen auseinanderzusetzen, für die man sich als Schüler:in weniger interessiert hat, wird von den weiblichen Probandinnen wesentlich günstiger beurteilt (72,8 %) als von den männlichen (60,9 %). Letztlich wird auch der Einfluss von Schule auf die Entwicklung, sich als aktive:r Gestalter:in des eigenen Lebens zu erfahren, von den ehemaligen Schülerinnen wesentlich günstiger beurteilt als von den männlichen.

In Hinblick auf die kreativen und künstlerischen Interessen fallen die Unterschiede im Antwortverhalten zwischen den ehemaligen Schülerinnen und Schülern besonders deutlich aus (siehe Abbildung 13). Nicht ganz so ausgeprägt trifft dies auch für die Begegnungsaspekte zu: Menschen aus anderen Kulturen kennenzulernen und sich mit anderen Meinungen auseinanderzusetzen. Aber auch der Einfluss von Schule auf die eigene Fähigkeit, Ziele konsequent zu verfolgen,

---

18 * = signifikant auf dem Niveau p ≤ 0,05; ** = signifikant auf dem Niveau p ≤ 0,005.

wird von den weiblichen Ehemaligen etwas günstiger beurteilt (90,2 %) als von den männlichen (84,5 %).

Abbildung 13: Einfluss der Schule auf die Persönlichkeitsentwicklung differenziert nach Geschlecht (Mittelwerte)

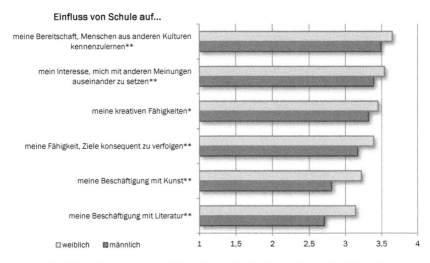

(1=„ungünstiger Einfluss", 2=„eher ungünstiger Einfluss", 3=„eher günstiger Einfluss", 4=„günstiger Einfluss")

Abschließend sind noch zwei Unterschiede in Bezug auf den nachschulischen Umgang mit der Montessori-Pädagogik zu nennen: Während rund 70 % der ehemaligen Schülerinnen (69,5 %) angeben, dass Aspekte der Montessori-Pädagogik in ihrem heutigen Leben eine Rolle spielen würden, trifft dies bei den ehemaligen Schülern auf rund 60 % zu (59,1 %). Ferner bringen 68,1 % der weiblichen Befragten durch ihr Antwortverhalten zum Ausdruck, dass sie sich mit den Grundlagen der Montessori-Pädagogik auseinandergesetzt haben, im Vergleich zu 55 % der männlichen Befragten. Inwiefern diese Mittelwertunterschiede auf die paarspezifische Aufgabenverteilung bei der Erziehung der eigenen Kinder in Zusammenhang steht, kann aufgrund der geringen Zahl der Ehemaligen mit einem Kind (N=21) nicht berechnet werden.

Bei den verbleibenden Items ergeben sich keine Mittelwertunterschiede im Antwortverhalten der Befragten. Insbesondere wird die Frage, ob die Befragten heute noch einmal eine Montessori-Schule besuchen würden, wird gleichermaßen von ca. 90 % der weiblichen als auch der männlichen Befragten bejaht.[19]

---

19 Von den Personen, die sich der Kategorie „inter/divers" zugeordnet haben, würden 4 ebenfalls wieder zur Montessori-Schule gehen (80 %).

10.2 Differenzierung nach Ausbildung und Beruf

Bei den berufsbiographischen Angaben der Befragten wurde deutlich, dass sich ein relativ großer Anteil (39,5 %) noch im Studium befindet. Diejenigen, die bei der Angabe des Berufs eine Ausbildung angegeben hatten, wurden wie üblich zur Gruppe der Berufstätigen gezählt. Zwischen diesen beiden Gruppen treten insgesamt deutlich weniger Unterschiede auf als bei der Differenzierung nach den Geschlechtern.

Ferner kann ausgeschlossen werden, dass die auftretenden Unterschiede zwischen den beiden Gruppen auf den Faktor Alter zurückzuführen sind. Einerseits sind die Studierenden im Durchschnitt lediglich 2,5 Jahre jünger als die Vergleichsgruppe der Berufstätigen, andererseits zeigt eine Differenzierung zwischen den Altersgruppen bis 25 Jahren und darüber nur eine einzige Differenz: In der jüngeren Gruppe war der Anteil derjenigen etwas größer, der den Lehrkräften Verständnis für die Sorgen der Schüler:innen zugeschrieben hat.

Abbildung 14: Montessori-Elemente differenziert nach Ausbildung/Beruf (Mittelwerte[20])
„Welche der folgenden Elemente der Montessori-Pädagogik halten Sie heute für wichtig?"

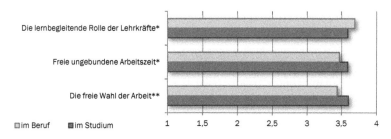

(1=„nicht wichtig", 2=„eher nicht wichtig", 3=„eher wichtig", 4=„wichtig")

Von den zwölf Fragen aus diesem Themenbereich lagen bei drei Fragen signifikante Mittelwertunterschiede vor (siehe Abbildung 14). Die Freiheitsaspekte in der Arbeit wurden von den Studierenden etwas häufiger geschätzt als von den Berufstätigen. Die trifft insbesondere auf die freie Wahl der Arbeit zu, die für 66,2 % der Studierenden wichtig war (volle Zustimmung) gegenüber einem Anteil von 56,5 % bei den Berufstätigen (ebenfalls volle Zustimmung). Die Wichtigkeit des begleiteten Lernens wurde dagegen von der Gruppe der Berufstätigen etwas höher eingeschätzt.

---

20 * = signifikant auf dem Niveau p ≤ 0,05; ** = signifikant auf dem Niveau p ≤ 0,005.

Abbildung 15: Lehrer und Unterricht differenziert nach Ausbildung/Beruf (Mittelwerte[21])

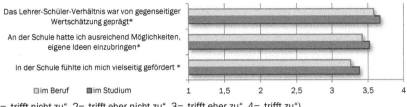

(1=„trifft nicht zu", 2=„trifft eher nicht zu", 3=„trifft eher zu", 4=„trifft zu")

Von den elf Fragen zum Themenbereich Lehrer und Unterricht zeigen sich bei drei Items signifikante Mittelwertunterschiede im Antwortverhalten der Befragten aus den beiden Gruppen. Dabei schätzen die Studierenden das Lehrer-Schüler-Verhältnis etwas positiver ein als die Berufstätigen. Zudem geben die Studierenden häufiger an, mehr Möglichkeiten gehabt zu haben, eigenen Ideen in den Unterricht einzubringen. Dies lässt vermuten, dass die Unterschiede im Antwortverhalten darauf zurückzuführen sind, dass es sich um eine Gruppe von Schüler:innen handelt, die etwas eigenständiger lernt und sich aus diesem Grund auch eher für ein Studium entscheidet. Auch die etwas positivere Bewertung einer „vielseitigen Förderung" würde zu diesem Bild passen.

Abbildung 16: Einfluss der Schule auf die Selbstbestimmung und Kompetenzen differenziert nach Ausbildung/Beruf (Mittelwerte)[22]

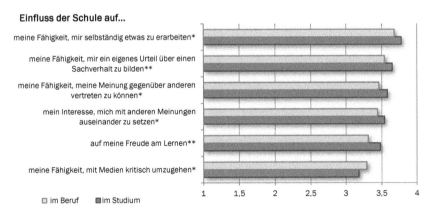

(1=„ungünstiger Einfluss", 2=„eher ungünstiger Einfluss", 3=„eher günstiger Einfluss", 4=„günstiger Einfluss")

---

21 * = signifikant auf dem Niveau p ≤ 0,05; ** = signifikant auf dem Niveau p ≤ 0,005.
22 * = signifikant auf dem Niveau p ≤ 0,05; ** = signifikant auf dem Niveau p ≤ 0,005.

Von den 36 Aussagen zum Einfluss von Schule auf die persönliche Entwicklung zeigen sich bei sechs Fragen signifikante Mittelwertunterschiede im Antwortverhalten der beiden Gruppen. Die Fähigkeit, mit Medien kritisch umzugehen, wird von den Berufstätigen etwas positiver bewertet (37,0 % *„günstiger Einfluss"* und 55,6 % *„eher günstiger Einfluss"*) als von den Studierenden (29,6 % *„günstiger Einfluss"* und 60,1 % *„eher günstiger Einfluss"*). Alle Aussagen, die sich auf den schulischen Einfluss auf die Entwicklung und Förderung der Selbständigkeit beim Lernen sowie den Meinungsaustausch beziehen, bewerten die Studierenden ebenfalls positiver bzw. günstiger. Letztlich wird von den Studierenden auch der Einfluss von Schule auf die Lernfreude günstiger eingeschätzt (93,9 % *„günstiger Einfluss"* bzw. *„eher günstiger Einfluss"*) als von den Berufstätigen (87,0 % *„günstiger Einfluss"* bzw. *„eher günstiger Einfluss"*).

Unter „Sonstiges" treten noch bei zwei Aussagen signifikante Mittelwertunterschiede im Antwortverhalten der beiden Teilstichproben auf. Zum einen geben 92,1 % der Studierenden an, dass, wenn sie erneut wählen könnten, sie wieder eine Montessori-Schule zu besuchen würden, im Vergleich zu 87,0 % der Berufstätigen. Ferner gibt rund ein Drittel der Studierenden an, politisch aktiv zu sein (34,2 %), während dies bei der Gruppe der Berufstätigen nur auf etwa jeden vierten zutrifft (25,9 %). Insgesamt ist der Anteil in beiden Gruppen jedoch hoch.

Zusammenfassend ist festzustellen, dass die Unterschiede im Antwortverhalten der Befragten aus den beiden Teilstichroben „Studierende" und „Berufstätige" nur punktuell auftreten und auch nicht sehr ausgeprägt sind. Dies deutet eventuell darauf hin, dass es sich eher um Besonderheiten im Lernverhalten Einzelner handelt. Ansonsten wird von den Berufstätigen stärker die Lernbegleitung von Seiten der Lehrkräfte betont, während die Studierenden die gegenseitige Wertschätzung im Verhältnis zwischen Lehrerkräften und Schüler:innen tendenziell häufiger hervorheben, was aber nicht dahingehend interpretiert werden darf, dass die jeweils andere Gruppe die angesprochenen Aspekte nicht gleichermaßen würdigen würde.

10.3 Differenzierung nach „Grundständigen" und Quereinsteiger:innen

Bei den Quereinsteiger:innen bietet es sich mit Bezug auf das Alter der Befragten an, diejenigen Proband:innen, die beim Eintritt in die Montessori-Schule bereits 10 Jahre und älter waren (dies entspricht dem Eintritt in die 5. Klasse), einer gesonderten Gruppe zuzuweisen. Dies trifft auf 41,1 % (N=329) der Gesamtstichprobe zu. Die Vergleichsgruppe setzt sich aus den „Grundständigen" zusammen, also jenen, die vor dem 10. Lebensjahr in die Montessori-Schule eingeschult worden sind (58,9 %, N=471). Bezogen auf die Gesamtstichprobe haben 48,6 % der in dieser Studie befragten Schüler:innen die Montessori-Schule von der 1. Klasse an besucht.

Abbildung 17: Montessori-Elemente differenziert nach Quereinsteiger:innen (Mittelwerte[23])
„Welche der folgenden Elemente der Montessori-Pädagogik halten Sie heute für wichtig?"

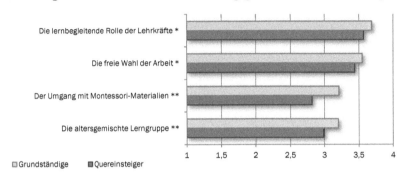

(1=„nicht wichtig", 2=„eher nicht wichtig", 3=„eher wichtig", 4=„wichtig")

Bei den Fragen zu den spezifischen Montessori-Elementen wurden bei vier von insgesamt zwölf signifikante Mittelwertunterschiede im Antwortverhalten der Befragten aus den beiden Teilstichproben ermittelt. Besonders auffällig erscheint dabei der Unterschied bei den Einschätzungen der Montessori-Materialien, die von der Gruppe der Grundständigen als deutlich wichtiger angesehen werden: Konkret geben 81,0 % der Grundständigen an, den Umgang mit Montessori-Materialien in der Retrospektive für wichtig bzw. eher wichtig zu halten, im Vergleich zu 63,3 % der Quereinsteiger:innen. Dies ist insofern nachvollziehbar, weil die klassischen Montessori-Materialien ab der 5. Jahrgangsstufe im Unterricht kaum noch verwendet werden. Auch die Wichtigkeit der altersgemischten Lerngruppen schätzen die Grundständigen höher ein. Konkret halten dies 83,5 % für wichtig bzw. eher wichtig, bei den Quereinsteigern liegt der Anteil bei 71,2 %.

Für die lernbegleitende Rolle der Lehrkräfte und die freie Wahl der Arbeit sind die Unterschiede weniger ausgeprägt. In Bezug auf diese Aspekte differierten auch bereits die Einschätzungen der Berufstätigen und der Studierenden.

---

23 * = signifikant auf dem Niveau p ≤ 0,05; ** = signifikant auf dem Niveau p ≤ 0,005.

Abbildung 18: Lehrer und Unterricht differenziert nach Quereinsteigern (Mittelwerte[24])

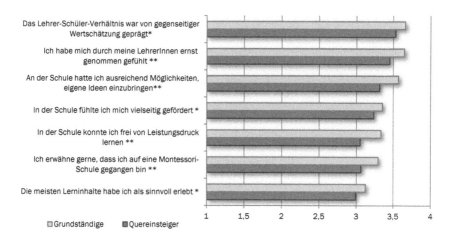

(1=„trifft nicht zu", 2=„trifft eher nicht zu", 3=„trifft eher zu", 4=„trifft zu")

Beim Themenbereich „Schule und Unterricht" ergeben sich bei sieben der elf zur Beantwortung vorgegebenen Fragen signifikante Mittelwertunterschiede in den Einschätzungen der Grundständigen im Vergleich zu denen der Quereinsteiger:innen. Sämtliche in Abbildung 18 dargestellten Ergebnisse weisen dabei eine positivere Einschätzung der Grundständigen auf. Dies betrifft zum einen die Wertschätzung und das Gefühl, als Schüler:in durch die Lehrkräfte ernst genommen zu werden, zum anderen aber auch die erlebte Sinnhaftigkeit der Lerninhalte, die erfahrene Förderung sowie die Möglichkeit der aktiven Beteiligung. Insbesondere das Lernen ohne Leistungsdruck wird von den Grundständigen positiver bzw. günstiger beurteilt als von den Quereinsteiger:innen (87,2 % im Vergleich zu 71,1 %).

Von den 36 Fragen zum Thema „Einfluss von Schule" ergeben sich im Antwortverhalten der beiden Vergleichsgruppen bei sieben signifikante Mittelwertunterschiede. Damit gibt es innerhalb dieses Fragebogenbereichs nur etwa bei jedem fünften Item nennenswerte Abweichungen. Die Gruppe der Grundständigen schreibt zu den in Abbildung 19 dargestellten Aussagen ihrer Schule bzw. ihrem Schulbesuch durchweg einen günstigeren Einfluss zu. Im Wesentlichen betrifft dies die Bereiche „Persönlichkeitsentwicklung" und „Aneignung von Lernkompetenzen". Insbesondere wird der Schule von den Grundständigen ein größerer Einfluss auf die eigene Lernfreude zugestanden.

---

24 * = signifikant auf dem Niveau p ≤ 0,05; ** = signifikant auf dem Niveau p ≤ 0,005.

Abbildung 19: Einfluss der Schule auf die Persönlichkeit und Kompetenzen differenziert nach Quereinsteiger:innen (Mittelwerte[25])

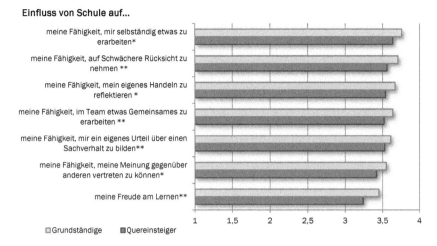

(1=„ungünstiger Einfluss", 2=„eher ungünstiger Einfluss", 3=„eher günstiger Einfluss", 4=„günstiger Einfluss")

Festzuhalten ist, dass bei 29 Aussagen zu diesem Bereich keine statistisch relevanten Mittelwertunterschiede erkennbar sind. Die unterschiedlichen Bewertungen der Grundständigen im Vergleich zu den Quereinsteiger:innen bezieht vor allem auf die gemachten Lernerfahrungen im Unterricht.

10.4 Differenzierung nach Bundesländern

Wie aus der Beschreibung der Stichprobe in Kapitel 3 hervorgeht, werden die für einen T-Test-Vergleich erforderlichen Mindeststichprobengrößen nur für die Bundesländer Bayern (N=294) und Nordrhein-Westfalen (N=154) erreicht. Im direkten Vergleich der beiden Bundesländer ergeben sich überraschend wenige Unterschiede im Antwortverhalten der Befragten. Bei insgesamt 59 Aussagen zu den Montessori-Elementen, den Unterrichtserfahrungen und zum Einfluss von Schule treten bei nur fünf Items signifikante Mittelwertunterschiede im Antwortverhalten der Befragten aus den beiden Bundesländern auf, von denen vier sogar nur wenig ausgeprägt sind. Die Ehemaligen aus den bayerischen Montes-

---

25 * = signifikant auf dem Niveau p ≤ 0,05; ** = signifikant auf dem Niveau p ≤ 0,005.

sori-Schulen bewerten vor allem die folgenden Aspekte positiver als diejenigen aus Nordrhein-Westfalen:
- den Verzicht auf Noten,
- die Möglichkeit, eigene Ideen einzubringen,
- den Einfluss der Schule auf die berufliche Orientierung.

Dagegen geben die Ehemaligen aus Nordrhein-Westfalen an, sich vielseitiger gefördert gefühlt zu haben.

Der einzige hoch signifikante Mittelwertunterschied betrifft das Lernen ohne Leistungsdruck: In Bayern geben 92,5 % der Befragten an, mehr oder weniger frei von Leistungsdruck gelernt zu haben (61,2 % „*trifft zu*" und 31,3 % „*trifft eher zu*"), die Ehemaligen aus Nordrhein-Westfalen können dem im Vergleich nur zu 68 % zustimmen (34 % „*trifft zu*" und 34 % „*trifft eher zu*"). Abgesehen von diesem einzelnen Befund scheinen die verschiedenen schulpolitischen, strukturellen oder organisatorischen Rahmenbedingungen in den beiden Bundesländern keinen großen Einfluss auf die Schul- und Unterrichtskultur in den Montessori-Schulen zu haben, zumindest nicht aus der Perspektive ihrer Absolvent:innen.

11 Herausforderungen für die Montessori-Schule in der Zukunft aus Sicht der Befragten

Nina Villwock und Dirk Randoll

Die Frage „*Welches sind Ihrer Meinung nach die wichtigsten Herausforderungen, mit denen Montessori-Schulen heute konfrontiert sind?*" wurde von 620 der 800 ehemaligen Montessori-Schüler:innen beantwortet (entspricht 77,5 % der Gesamtstichprobe). Die 824 hierzu abgegebenen bzw. ermittelten Stellungnahmen beziehen sich vor allem auf die folgenden Inhalte:

- Verbesserung des Images der Montessori-Schule in der Öffentlichkeit (N=219 bzw. 26,6 % aller Stellungnahmen, z. B. „*Die Schulen müssen sich gegen andere Schule behaupten, – den Ruf verlieren, dass sie für Schüler sind, die auf allgemeinen Regelschulen keine Chance haben, – den Ruf verlieren, dass der Schulabschluss dort ‚geschenkt' ist*"; „*Etwas ‚anders' zu machen, im Sinne des Schulsystems, wird von außen oft mit ‚schlecht' bewertet*"; „*Ähnlich wie Waldorfschulen auch, wird Montessori Schulen oft ein gewisses Maß an Misstrauen entgegengebracht. Die Schulen müssen beweisen, dass auch aus ihren Absolventen ‚etwas wird'*"; „*Als ernstzunehmendes Schulsystem angesehen zu werden*")

- Schulgeld/Finanzhilfe, soziale oder kulturelle Zusammensetzung der Schülerschaft (N=163 bzw. 19,8 % aller Stellungnahmen, z. B. „*Bezahlbar bleiben und trotzdem Lehrer fair bezahlen*"; „*das Schulgeld möglichst klein zu halten, um möglichst vielen den Zugang zu einer Montessori-Schule zu ermöglichen*"; „*Der Rückhalt in der Politik lässt nach und somit können auch Finanzierungsprobleme auftreten. Wenn sich nicht jeder die Montessorischule leisten kann, geht der Schnitt durch die Gesellschaft verloren, was sehr schade ist, weil das genau das ist, was meiner Meinung nach die Schule zu so etwas Besonderem macht*"; „*Die hohen Schulgebühren können nur von einem kleinen Teil der Bevölkerung getragen werden. An meiner Schule gab es während meiner Schulzeit beispielsweise keine Kinder mit Migrationshintergrund, dafür verhaltensauffällige Kinder, die es vermutlich nicht geschafft hätten, ein staatliches Gymnasium zu besuchen. Einige Lehrer waren damit überfordert*"; „*Eine Schule, die so hohe Schulgebühren verlangt, bringt somit das Problem mit sich, dass sie eine spezielle Schülergruppe hat, die eine sehr spezielle Population bilden*"; „*Nicht in die ‚ich bin so individuell, ich schicke mein Prinzessin-Kind auf diese private Schule wo es Königin wird' Spalte rutschen"; „Schulgeld abschaffen"; „Eine fähige Alternative neben dem Gymnasium zu bleiben und eine ausgewogene Schülergruppe zu behalten (Fähigkeiten, Geschlecht, Alter)"; „Es sollte jeder den Zugang zu einer guten Bildung haben und nicht nur diejenigen, die in eine wohlhabende Familie hinein geboren wurden"; „Gute Mischung von Schülern nötig"*)

- Bessere fachspezifische Förderung, höhere Leistungsanforderungen und besseres Leistungsfeedback (N=110 bzw. 13,3 % aller Stellungnahmen, z. B. *„Natürlich auch die eigenen Herausforderungen im Konzept Montessori selbst spielen wohl eine große Rolle: ich rede von Noten (ja/nein), gemischte alters-Klassen oder andere konzeptionelle fragen"; „Aufholen der Kenntnisse, um in MINT-Fächern an der Uni zu bestehen"; „Bessere Allgemeinbildung vermitteln, bessere und kontrolliertere Fächerauswahl"; „Das Gleichgewicht zwischen freiwilligem Lernen und der richtigen Menge an Druck zu finden"; „Noten dem Lehrplan entsprechend, um Übergänge zu ermöglichen"*)
- Rekrutierung qualifizierter Lehrkräfte (N=63 bzw. 7,6 % aller Stellungnahmen, z. B. *„Lehrermangel"; „Finanzierung, gute Lehrer:innen/Pädagog:innen zu finden, sicherstellen, dass naturwissenschaftliche und geisteswissenschaftliche Fächer nicht zu sehr vernachlässigt werden"; „Finden von kompetenten Lehrkräften"; „Genug Lehrkräfte zu haben. Es sind immer zu wenige da"; „Passende Lehrer zu finden und diese bezahlen zu können"*)
- Auf gesellschaftliche Entwicklungen besser vorbereitet sein, wie z. B. Migration/Flüchtlinge, „schwierige" Kinder/Jugendliche (N=62 bzw. 7,5 % aller Stellungnahmen, z. B. *„Ich persönlich glaube, dass viele Kinder heute anders aufwachsen als vor 5 oder 10 Jahren. Sie haben sich weniger auf das Miteinander fokussiert. Aber auch die hohe Flüchtlingsrate könnte zu einer Herausforderung werden, denn diese Kinder sprechen oft nicht ausreichend die deutsche Sprache. Die Lehrer benötigen mehr Zeit und Geduld, um den Kindern diese beizubringen. Aber auch die Bereitschaft der Elternarbeit nimmt zunehmend ab, da oft beide Elternteile berufstätig sind und die Erziehung der Kinder auf die Pädagogen abgeschoben wird. Ich hoffe, dass die Inklusion weiterhin ein bedeutender Aspekt in der Montessori Pädagogik sein wird!!!"; „Schlecht erzogenen Kindern, die sich nicht zu benehmen wissen und die Montessori Päd. nicht ernst nehmen. Die Eltern, die sehr hohe Ansprüche haben"; „Integrationsklassen für Ausländer?"*)
- Prüfungen/Übergänge (N=62 bzw. 7,5 % aller Stellungnahmen, z. B. *„Die Prüfungsfrage"; „Die Situation mit den Schulabschlüssen (zu viele Prüfungen, keine Vor-Noten)"; „Bessere Vereinbarkeit mit Regelschulen in puncto Schulwechsel oder Abschluss"*)

- Bewahren der Ideen bzw. Ideale der Montessori-Pädagogik, keine zu starke Anpassung an das staatliche Regelschulsystem (N= 54 bzw. 6,6 % aller Stellungnahmen, z. B. *„Vereinbarkeit von freiem Lernen und dem Anspruch, die Schüler gut auf den angestrebten Abschluss vorzubereiten"; „Die Herausforderung, in einer Gesellschaft, die durch starken Leistungsdruck geprägt ist, die Menschen zu überzeugen, dass individuelle Leistungen auch ohne großen Druck erreicht werden können und Spaß am Lernen und Handeln eine größere Rolle spielen sollte")*
- Medienpädagogik/-erziehung (N=47 bzw. 5,7 % aller Stellungnahmen, z. B. *„Der Digitalisierung und Erneuerung schritthalten"; „Medienkompetenz"; „Medienkonsum"; „Integration von digitalen Medien und digitaler Bildung"; „Fehlender Informatikunterricht"; „Normale Schulen sind schon seit Ewigkeiten überholt, aber ich glaube, dass sie im Hinblick auf die ‚Digitale Revolution' und die damit verbundene Globalisierung und Veränderung der benötigten Kompetenzen grade zum zweiten Mal überholt werden und Montessori diesmal mit. Wir brauchen ein Schulsystem, das noch individueller ist und gleichzeitig extrem viele neue Kompetenzen vermittelt. Irgendwie muss Montessori es schaffen Kinder weit genug aus der Digitalisierung zu ziehen um grundlegendes Lernen (Koordination, Rechnen, Lesen, Schreiben, Naturverständnis und politische Bildung) und Mensch zu bleiben, ohne sich abhängen zu lassen. Selbstverständlicher Umgang mit Medien nicht nur als Konsument, sondern als Produzent (jeder Facebook-Kommentar ist ein Medium!) und vor allem als Menschen (Moralischer Umgang im Internet etc.)")*
- Erweiterung spezifischer Lernangebote/-inhalte (N=14 bzw. 1,7 % aller Stellungnahmen, z. B. *„noch mehr Praxis"; „Mehr Natur"; „Die Umstellung auf klimaneutrale Schulen und die Vermittlung der vollwertig pflanzenbasierten Ernährung sowie die Einführung postwachstumsökonomischer Inhalte"; „Bewusstsein für Umwelt, Naturschutz und dahingehende Politik schaffen")*
- 30 Antworten wurden der Kategorie „Sonstiges" zugewiesen, z. B. *„Das immer weniger Verantwortung von den Eltern übernommen wird in Bezug auf respektvollen Umgang untereinander"; „Das finde ich sehr schwer zu beantworten, da es immer auf das jeweilige Land und Privatschule oder staatliche Schule ankommt"; „CDU und FDP"; „Billige Kopien die qualitativ unterlegen sind"; „Das kann man nicht im generellen sagen, denn es ist ja nicht jede dieser Schulen gleich"; „Das Montessori-Zeugnis wird vom Arbeitgeber oftmals als viel zu aufwendig angesehen, was bei der Einstellung teilweise zu Problemen führte"; „Der Kampf gegen die Re-Normalisierung. Der Kampf gegen veraltete Bildungsvorstellungen. Die Arbeit an Institutionen, die bereit sind Bildung mit Mut zu denken"; „Die Eltern dazu zu bringen, ihren Kindern Zeit zu lassen*

sodass die Kinder ihr Leben selbst in die Hand nehmen können"; „Die soziale Blase zu durchbrechen und die Neoliberale Vereinnahmung durch das Bildungsbürgertum zu widerstehen")

Die befragten Ehemaligen sehen den Umgang mit Vorurteilen gegenüber der Montessori-Schule in der Öffentlichkeit bzw. die Verbesserung ihres schlechten Images also als eine der wichtigsten Herausforderungen für die Zukunft dieser Schulform an. Darüber hinaus werden in diesem Zusammenhang die Umsetzung der Montessori-Prinzipien unter den derzeitigen bildungspolitischen Rahmenbedingungen sowie die Digitalisierung bzw. der konstruktive und kritische Umgang mit neuen Medien, der Digitalisierung etc. genannt. Zudem schätzen die Absolvent:innen den hohen Leistungsdruck in unserer Gesellschaft als eine weitere Herausforderung der Montessori-Schule für die Zukunft ein, genauer: wie sie auf diesen vorbereiten solle, ohne die Grundsätze des Montessori-Gedankens, etwa die Freude am Lernen, das selbstverantwortliche Lernen und Arbeiten ohne Noten/Punkte, dabei infrage zu stellen.

Als eine weitere Herausforderung werden von den Ehemaligen der Mangel an qualifizierten Lehrkräften sowie das Problem der Finanzierung der Montessori-Schulen thematisiert. Letzteres bezieht sich vor allem darauf, die Diversität in der Gesellschaft in den Klassen besser abzubilden und gesellschaftliche Minderheiten stärker zu integrieren, jedoch gleichzeitig genügend finanzielle Mittel zur Verfügung zu haben, um qualifizierte Lehrer:innen angemessen bezahlen und das Montessori-Konzept adäquat umsetzen zu können. Letztlich werden von den Absolvent:innen die Umsetzung von Werten wie Nachhaltigkeit sowie die adäquate Vorbereitung auf kommende Prüfungssituationen als weitere Herausforderungen thematisiert.

12 Die Zukunft: Montessori im 21. Jahrhundert

Nina Villwock

Die Online-Befragung, an der 800 Absolvent:innen aus 26 Montessori-Schulen in Deutschland teilgenommen haben, ist zwar nicht repräsentativ. Dennoch können wir – Montessori-Pädagog:innen, -Schulleiter:innen, -Schulträger:innen oder Verbände – viel aus den Antworten der ehemaligen Schüler:innen ableiten. Sie geben uns einen guten Überblick über die Erfahrungen, die Schüler:innen an Montessori-Schulen gemacht haben, wie sie die Situationen an den Schulen einschätzen, was gut funktioniert und wo wir genauer hinschauen und uns weiterentwickeln sollten.

Die Rückmeldungen zeigen einen Bezug zu den Sekundarschulen, den letzten Jahren der Schullaufbahn der Schüler:innen. Äußerungen über Kinderhäuser oder über die Grundschulzeit spiegeln sich in den Antworten nicht wider.

Es gibt Antworten, die man als allgemein gültig für Montessori-Schulen in Deutschland auffassen kann. Es fällt aber auch auf, dass es große Unterschiede gibt und individuelle Besonderheiten an einzelnen Schulen beschrieben werden.

Bei 16 der 26 Schulen beteiligten sich mindestens 20 Ehemalige an der Online-Befragung. Diesen Schulen wurde seitens der Alanus Hochschule die Möglichkeit einer spezifischen Auswertung angeboten. 15 Schulen haben das Angebot wahrgenommen. Das ist erfreulich und ermöglicht den Schulen eine zielgerichtete Evaluation und Reflektion der eigenen Arbeit. Es zeigt, dass viele Montessori-Schulen an einer Weiterentwicklung und Qualitätssicherung interessiert sind.

12.1 Vielfältige Landschaft an Montessori-Schulen

Klar und klug benennen die Absolvent:innen, die sich an der Online-Befragung beteiligt haben, den Widerspruch zwischen Benotung, Abschlussprüfungen und den Grundsätzen der Montessori-Pädagogik. Einen Widerspruch, den wir nicht auflösen können, da sie einen Aspekt gesellschaftlicher und bildungspolitischer Realität abbilden.

Die Landschaft von Montessori-Schulen in Deutschland ist äußerst heterogen. Das ist einerseits dem Föderalismus geschuldet. Auch wenn aus Sicht der

Ehemaligen schulpolitische, strukturelle oder organisatorische Rahmenbedingungen keinen Einfluss auf Schul- und Unterrichtskultur zu haben scheinen, zeigen uns ihre Antworten doch, dass es Unterschiede gibt. Diese ordnen wir ebenfalls teilweise den bildungspolitischen Begebenheiten in Deutschland zu.

Das staatliche Schulsystem, das in den meisten Bundesländern nach vier Grundschuljahren selektiert und in der Sekundarschule meist dreigliedrig weitergeführt wird, widerspricht grundlegenden Prinzipien der Montessori-Pädagogik. Gemäß den von Maria Montessori beobachteten Entwicklungsphasen sollte es für Montessori-Schulen eine gemeinsame sechsjährige Grundschulzeit geben und eine weitere gemeinsame drei, vier oder gar sechsjährige Sekundarschulzeit. Manche staatlichen Schulformen sind in dieser Hinsicht kompatibel, wie beispielsweise die Integrierten Gesamtschulen oder Oberschulen. Andere, wie z. B. kooperative Gesamtschulen, eignen sich weniger als Organisationsform einer Montessori-Schule.

Je nach Bundesland (manchmal sogar je nach Landkreis) haben die Schulen mehr oder weniger Freiheiten, sich in ihrer Struktur und Organisation an den entwicklungsphasenbedingten Bedürfnissen der Kinder oder Jugendlichen zu orientieren.

Ein Einstieg in die Montessori-Pädagogik im Alter von 10 Jahren – mitten in einer Entwicklungsphase – ist aus Sicht der Montessori-Pädagogik ungünstig. Der tendenziell günstigere Einfluss von Montessori-Schule, den die Grundständigen im Vergleich zu den Quereinsteiger:innen formulieren, ist aus Sicht der Montessori-Pädagogik folgerichtig.

Es wäre wünschenswert, wenn alle (Montessori-)Schulen die Freiheit hätten, ihre Schulstruktur an die Bedürfnisse der Kinder und Jugendlichen anzupassen.

12.2 Unterschiede in der Schulqualität – Montessori Deutschland Qualitätsrahmen

Doch schulpolitische, strukturelle oder organisatorische Herausforderungen entlassen Montessori-Schulen (Schulträger:innen, Schulleiter:innen und Montessori-Pädagog:innen) nicht aus der Verantwortung, im Sinne der Kinder und Jugendlichen selbst für die Qualität Sorge zu tragen.

Die Heterogenität der Montessori-Schulen wird bei den Antworten auf die offenen Fragen besonders sichtbar, bei denen zum Teil gegensätzliche Meinungen geäußert werden. Lag an einigen Montessori-Schulen der Fokus gefühlt eher auf leistungsschwächeren Schüler, lag er an anderen gefühlt eher auf leistungsstärkeren Schüler:innen. Einerseits formulieren die Ehemaligen, dass es zu viele Freiheiten, andererseits, dass es zu viel Druck gab.

Die Rückmeldungen der Ehemaligen sind zwar individuell und durch die eigene Wahrnehmung verengt. Während eine Person beispielsweise das Gefühl hat, keine Grundlagen in den Naturwissenschaften vermittelt bekommen zu haben, sagt eine andere Person aus derselben Schule, aus demselben Jahrgang und mit den gleichen Grundlagenkursen, mit Erfolg einen Leitungskurs in Chemie besucht oder das Fach auch studiert zu haben.

Dennoch sollten die Schulen anhand der Rückmeldungen für sich selbst überprüfen, ob diese ein Anknüpfungspunkt zur Weiterentwicklung sein können.

Um die eigene Arbeit zu überprüfen und kontinuierlich weiterzuentwickeln und zu verbessern, stellt der Montessori Bundesverband Deutschland e. V. allen Schulen einen Qualitätsrahmen (QR) zur Verfügung. Damit gibt er Schulen ein wertvolles Hilfsmittel zur Selbstevaluation an die Hand. Das Interesse der Schulen, mit Hilfe dieses Werkzeugs das eigene Profil zu schärfen und eine Qualitätsentwicklung zu ermöglichen, ist groß und zeigt, dass sich Montessori-Schulen in Deutschland gerne weiterentwickeln wollen.

12.3 Reputation von und Wissen über Montessori-Pädagogik

So sehr wir uns an den überwiegend positiven persönlichen Erfahrungen der Absolvent:innen von Montessori-Schulen erfreuen können, so sehr müssen uns die benannten Herausforderungen (siehe Kapitel 11) aufwecken und zur Weiterentwicklung motivieren.

Die eigenen, positiven Erfahrungen und das erfreuliche Zugehörigkeitsgefühl stehen für die Absolvent:innen im Gegensatz zum Ruf und dem Image der Montessori-Pädagogik, mit dem die unterschiedlichen Gruppen oder Gemeinschaften der Gesellschaft Montessori-Schüler:innen konfrontieren, wenn wir sie in diese entlassen.

Ein Entwicklungsbericht anstelle eines Noten-/Ziffernzeugnisses ist für manche aufnehmende, weiterführende Schule ein ungewohntes Dokument. Schulen ohne Noten, mit individuellen Leistungsrückmeldungen sind, obwohl seit Jahrzehnten erfolgreich existent, in der Minderheit. Für die Mehrheitsgesellschaft, für viele Laien und bedauerlicher Weise auch für viele Lehrer:innen ist eine Schule ohne Noten oder ein Lernen ohne Druck schlicht nicht denkbar.

Die Absolvent:innen fordern uns auf, Vorurteilen entgegenzuwirken, die Gesellschaft ausgibig über Montessori-Pädagogik zu informieren und deren Ansehen in Deutschland zu verbessern (siehe Kapitel 11).

12.4 Naturwissenschaften, Kunst und Musik – mangelnde Fachabdeckung?

Dass 20 % der Montessori-Schüler:innen unsere Schulen mit dem Gefühl verlassen, nicht genügend oder ausreichend gelernt zu haben (siehe Kapitel 6.2.2), muss uns auffordern, genauer hinzuschauen. In den Antworten der Absolvent:innen wird besonders eine mangelnde Abdeckung von Fächern wie Naturwissenschaften aber auch Kunst oder Musik benannt (siehe Kapitel 6.2.2).

Aus diesen Rückmeldungen sind mehrere Ursachen ableitbar:
a) Montessori-Aus- und -Weiterbildung: Qualifikation der Lernbegleiter:innen
b) Mangel an Fach- oder Lehrkräften (siehe Kapitel 13)
c) Unterfinanzierung von Schulen in freier Trägerschaft (siehe Kapitel 13)

Um an einer Montessori-Schule zu arbeiten, brauchen Lehrer:innen eine Lehrerausbildung, die mit dem Zweiten Staatsexamen abgeschlossen ist und zusätzlich eine montessoripädagogische Aus- oder Weiterbildung. Der Lehrereinstellungsbedarf sowohl an staatlichen Schulen als auch an Schulen in freier Trägerschaft ist hoch und wird bis zum Jahr 2030 weiter ansteigen.[26] Gesetze über die Finanzierung von Ersatzschulen regeln die Finanzierung von Montessori-Schulen in freier Trägerschaft und unterscheidet sich von Bundesland zu Bundesland. Die Unterfinanzierung von Schulen in freier Trägerschaft ist ein vieldiskutierter Fakt.

Montessori-Schulen stehen hinsichtlich des Bedarfs an qualifizierten Lernbegleiter:innen und im Zusammenhang mit ihrer Finanzierung vor großen Herausforderungen. Aus meiner persönlichen Betrachtung heraus finden sie jedoch in der Regel kreative und innovative Lösungen, um diese Aufgaben zu lösen.

12.5 Qualifikation der Lernbegleiter:innen

Dass es für Schüler:innen wichtig ist, staatliche curriculare Anforderungen zu kennen, darauf wies Dr. Maria Montessori bereits im Jahr 1939 in ihren Studien- und Arbeitsplänen für die Jugendlichen zwischen 12 und 18 Jahren (in der 3. Entwicklungsphase) hin:

---

26 Klemm, Klaus (2022): „Entwicklung von Lehrkräftebedarf und -angebot in Deutschland bis 2030". Studie im Auftrag des Verbandes Bildung und Erziehung (VBE) www.vbe.de.

„Die besten Methoden sind diejenigen, die beim Schüler ein Maximum an Interesse hervorrufen, die ihm die Möglichkeit geben, alleine zu arbeiten, selbst seine Erfahrungen zu machen und die erlauben, die Studien mit dem praktischen Leben abzuwechseln. Eine in großen Lettern geschrieben und weithin sichtbare Tafel, die klar die von den Richtlinien der höheren Schulen geforderten Bildungsinhalte angibt, stellt einen außerordentlichen Anreiz dar und bringt Direktiven, aber keine Verpflichtungen mit sich. Außerdem muss man denen, die zu arbeiten wünschen, die Möglichkeit lassen, das von den offiziellen Vorschriften geforderte Niveau zu erreichen oder sogar zu überschreiten."[27]

Auf Basis dieses Zitates kann sich jede einzelne Montessori-Schule Fragen zur Selbstevaluation stellen:
- Werden wir diesen Anforderungen gerecht?
- Beobachten wir bei unseren Schüler:innen ein „Maximum an Interesse"?
- Haben sie ausreichend Möglichkeiten, alleine zu arbeiten und eigene Erfahrungen zu machen?
- Wechseln ihre Arbeiten und Erfahrungen zwischen akademischen Studien und praktischem Leben?
- Können sich unsere Schüler:innen jederzeit einen Überblick über die in den Lehrplänen der Bundesländer geforderten Bildungsinhalte verschaffen?
- Haben die Schüler:innen einen ausreichenden Überblick über alle Fachgebiete?
- Haben sie Möglichkeiten der Selbstevaluation?
- Haben die Schüler:innen die Möglichkeit, das geforderte Niveau zu erreichen oder sogar zu überschreiten?
- Haben die Montessori-Pädagog:innen einen Überblick über alle Anforderungen und Lerninhalte?
- Werden die Darbietungen[28] angemessen präsentiert, dokumentiert und ist das pädagogische Team ausreichend in der Methode der Beobachtung[29] geschult?

---

27 Montessori, Maria (1966/2015): Von der Kindheit zur Jugend. Grundschule – Sekundarschule – Universität. (Gesammelte Werke Band 14). Freiburg, Basel, Wien: Herder, S. 133.
28 Der Begriff Darbietung oder Präsentation bezieht sich auf einen bestimmten Entwicklungs- oder Lernschritt und hat stets ein konkretes Ziel. Meist wird in einer Darbietung ein konkreter Umgang mit einem Material gezeigt, damit die Schüler:innen im Anschluss selbsttätig damit hantieren und lernen können. Mit dem Begriff Material können die von Dr. Maria Montessori entwickelten Materialien gemeint sein aber auch echte Materialien wie ein Trinkgefäß, ein Kehrbesen oder die Spülmaschine.
29 Die Beobachtung ist eine Schlüsselkompetenz für den/die Montessori-Pädagog:in. Maria Montessori bezeichnete das Beobachten als die erste Aufgabe des Erwachsenen. In den

All das sind aus montessoripädagogischer Perspektive wichtige Fragen, die den Lernbegleiter:innen zur regelmäßigen Selbstevaluation dienen. Zusätzlich sollte die professionelle Beobachtung und die gelebten Erfahrungen im Schulalltag mit den Jugendlichen dokumentiert, diskutiert und evaluiert werden.

In den internationalen Ausbildungskursen der Association Montessori Internationale (AMI) ist die Methode der Relektüre (engl. rereading, frz. relecture) eine etablierte Vorgehensweise zur Weiterentwicklung. Vorträge, Aufsätze und andere Publikationen Montessoris werden immer wieder neu gelesen und dazu herangezogen das eigene Arbeiten zu überdenken und zu verbessern.

Auch neu aufkommende Aufgaben, wie beispielsweise der Einsatz digitaler Lernmaterialien, lassen sich aufgrund der professionellen Beobachtung und der Relektüre von Schlüsseltexten gut – und das bedeutet stets – den Bedürfnissen des Jugendlichen angepasst bearbeiten.

12.5.1 Nationale und internationale Aus- und Weiterbildungsmöglichkeiten (ein Exkurs)

Das Wissen, das weltweit in Ausbildungskursen der Association Montessori Internationale (AMI) erworben wird, ist in Deutschland wenig bekannt. Eine Ursache dafür ist die von Jörg Boysen im Kapitel 1 beschriebene Entwicklung der Montessori-Pädagogik in Deutschland nach 1945.

Maria Montessori selbst hat ihr ganzes Leben lang Beobachtungen durchgeführt und Forschung betrieben. Bis zu ihrem Tod im Jahr 1952 hat sie ihre Erkenntnisse über die vier einzelnen Entwicklungsphasen, von der Kindheit über die Jugend bis zum Erwachsenen, überdacht und weiterentwickelt. Ihr Sohn Mario Montessori wurde von ihr selbst als Erbe eingesetzt und hat ihre Arbeit 30 Jahre lang weitergeführt (Eckert 2007; Krumins Grazzini 2021). Im Jahr 1961 gründete Mario Montessori das Centro Internazionale Studi Montessoriani in Bergamo, Italien,[30] und leitete es bis zu seinem Tod im Jahr 1982 als Direktor.

Die Erziehungs- und Bildungspläne – besser: Studien- und Arbeitspläne – für die zweite Entwicklungsphase (für die 6- bis 12-jährigen Kinder in der Grundschule), die unter dem Begriff „Kosmische Erziehung" zusammengefasst sind, hat Maria Montessori in ihren späten Lebensjahren entwickelt:

Ausbildungskursen wird mit spezifischen Beobachtungsaufgaben und in konkreten Hospitationsstunden die Beobachtung der Kinder und Jugendlichen gelernt und trainiert.

30 Website des Centro Internazionale Studi Montessoriani Bergamo, Italien: https://www.montessoribergamo.it (zuletzt abgerufen am 17.02.2022).

„COSMIC EDUCATION: The Montessori Approach for the Elementary Years
Maria Montessori discovered successive phases of growth, each with characteristic sensitivities which guide the child's physical and psychological development. From birth to six years of age, the child seeks to exercise himself on a plane essentially sensorial and concrete; from age six through twelve, on the basis of the development already achieved, new needs evolve in the child, needs which guide the child to a far wider and more abstract plane of activity. Having established a physical familiarity with his environment, the child grows curious about its structure. Dr. Montessori found that she could satisfy the child's intellectual curiosity by introducing him to scientific and cultural subjects which were normally reserved for the secondary school: physics, chemistry, biology, geography, history, literature and music.

Observing the unity of the child's interests, Dr. Montessori understood that the subjects must not be taught separately and that the teacher himself must be aware of the interrelationships between the subjects.

Thus, the Montessori course for elementary school consists of the study of psychological changes in the children from 6 – 12 years of age, and the study of the attitudes and procedures through which the teacher may assist the child in the second period of his development."[31]

---

31 *„KOSMISCHE ERZIEHUNG: Der Montessori-Ansatz für das Grundschulalter.*
Maria Montessori entdeckte aufeinanderfolgende Entwicklungsphasen mit jeweils charakteristischen Empfindlichkeiten, die die physische und psychische Entwicklung des Kindes steuern. Von der Geburt bis zum sechsten Lebensjahr versucht das Kind, sich auf einer im Wesentlichen sensorischen und konkreten Ebene zu betätigen; vom sechsten bis zum zwölften Lebensjahr entwickeln sich auf der Grundlage der bereits erreichten Entwicklung neue Bedürfnisse im Kind, die es zu einer weitaus breiteren und abstrakteren Ebene der Aktivität führen. Nachdem das Kind eine physische Vertrautheit mit seiner Umgebung erlangt hat, wird es neugierig auf deren Struktur. Dr. Montessori fand heraus, dass sie die intellektuelle Neugier des Kindes befriedigen konnte, indem sie es in wissenschaftliche und kulturelle Fächer einführte, die normalerweise der Sekundarschule vorbehalten waren: Physik, Chemie, Biologie, Geografie, Geschichte, Literatur und Musik.
Da Dr. Montessori die Einheitlichkeit der Interessen des Kindes erkannte, verstand sie, dass die Fächer nicht getrennt voneinander unterrichtet werden dürfen und dass der Lehrer selbst sich der Zusammenhänge zwischen den Fächern bewusst sein muss.
Daher besteht der Montessori-Kurs für die Grundschule aus dem Studium der psychologischen Veränderungen bei Kindern im Alter von 6 bis 12 Jahren und dem Studium der Haltungen und Verfahren, mit denen der Lehrer das Kind in der zweiten Phase seiner Entwicklung unterstützen kann."
Centro Internazionale Studi Montessoriani o. J: https://www.montessoribergamo.it/about-montessori.htm (zuletzt abgerufen am 17.02.2022; Übersetzung: Nina Villwock).

So lautet die Kurzbeschreibung der „Kosmischen Erziehung" auf der Website des Centro Internazionale Studi Montessoriani. Jährlich nehmen dort zahlreiche Pädagog:innen aus der ganzen Welt (von September bis Juni) an einem internationalen Diplomkurs teil und schließen ihre Montessori-Ausbildung mit einem AMI-Diplom für das 6- bis 12-jährige Kind ab. Die Ausbildung in Bergamo ist das renommierteste und fundierteste Montessori-Training, das man als Montessori-Pädagog:in für Grundschulkinder absolvieren kann.

Die AMI, die im Jahr 1929 von Dr. Maria Montessori selbst gegründet wurde, schützt heute ihr Leben und ihr Werk. Sie setzt die Standards für internationale Kurse und für deren Qualität.[32] Um einen internationalen AMI-Diplomkurs leiten zu können muss man ausgebildete:r AMI-Trainer:in sein.[33]

In Deutschland gibt es ein internationales Ausbildungszentrum in München, das Diplomkurse für Kinderhaus-Pädagog:innen[34] anbietet, und den Verein Deutschsprachige AMI Pädagogen e. V. (DAMIP), der regelmäßige Auffrischungs- und Weiterbildungsveranstaltungen organisiert. DAMIP ist ein Netzwerk aus deutschsprachigen Montessori-Pädagog:innen, die ein AMI-Diplom in Bergamo, in den USA oder in der Schweiz absolviert haben, da es in Deutschland oder Österreich bis 2022 nicht möglich war, ein internationales Diplom (für das 6- bis 12-jährige Kind) zu erwerben.

Treffen Montessori-Pädagog:innen mit einem internationalen Diplom der AMI auf Montessori-Pädagog:innen mit einem nationalen Diplom einer der zahlreichen Kursanbieter, ist die Verwunderung beiderseitig groß. Man nutzt zwar dieselben Fachbegriffe, es scheint jedoch häufig, als spräche man eine andere Sprache. Nationale Kurse sind mit internationalen Kursen nicht zu vergleichen, was alleine schon am Stundenumfang und den damit einhergehenden umfangreicheren Inhalten zu erkennen ist.[35]

---

32 Auf der Website der AMI findet man eine Übersicht über alle Montessori-Trainingszentren, vgl. Association Montessori Internationale; https://montessori-ami.org/training-programmes/training-centres (o.J.a).

33 „AMI-Trainer:in" ist der internationale Begriff für die Leiter:innen der Montessori-Ausbildungskurse der Association Montessori Internationale. Weitere Informationen über die Anforderungen an internationale Montessori-Ausbilder:innen hält die Website der AMI vor: vgl. Association Montessori Internationale (o.J.b).

34 Kinderhaus, „casa dei bambini", ist die Bezeichnung der vorbereiteten Montessori-Umgebung für 3- bis 6-jährige Kinder (Kinder in der 1. Entwicklungsphase).

35 Eine Übersicht über aktuelle Aus- und Weiterbildungsangebote stellt der Montessori Bundesverband Deutschland e. V. auf seiner Website zur Verfügung. Die Angabe der Unterrichtseinheiten und eine Verlinkung zum Kurskonzept und der -durchführung geben eine gute Übersicht über das vielfältige Angebot, vgl. Montessori Bundesverband Deutschland e. V. (o.J.).

Die globale Entwicklung der internationalen Montessori-Bewegung scheint lange an Deutschland vorbeigegangen zu sein.

Eine Folge dieser verpassten Entwicklung schlägt sich in der Qualität der Montessori-Schulen in Deutschland nieder. Wenn Montessori-Pädagog:innen die Erziehungs- und Bildungspläne oder Studien- und Arbeitspläne für die 6- bis 12-Jährigen, die „Kosmische Erziehung", nicht in vollem Umfang kennen, dann können sie sich auch nicht auf den Weg machen, diese in den Grundschulen umzusetzen. Das wiederherum hat Konsequenzen für die Sekundarschulen und ihre Arbeit.

Die internationale Weiterentwicklung der Lernumgebungen für die Jugendlichen der 3. Entwicklungsphase (12 bis 18 Jahre) ist, so scheint es zumindest, ebenfalls fast unbemerkt von der Montessori-Fachwelt in Deutschland vorangeschritten.[36]

Das erste „Adolescent Colloquium" fand im Jahr 1996 unter der Schirmherrschaft der damaligen AMI-Präsidentin Renilde Montessori statt und wurde von der North American Teachers Association (NAMTA) maßgeblich vorangetrieben und organisiert von David Kahn.[37] Aus den Kolloquien entwickelten internationale AMI-Trainer:innen die Weiterbildung „A Montessori Orientation to Adolescent Studies"[38] und seit Sommer 2020 den internationalen Diplomkurs für die Arbeit mit 12- bis 18-jährigen Jugendlichen. Ebenfalls ein Resultat der Kolloquien sind die Modellschulen „Hershey Montessori School" in Huntsburg, Ohio (USA) und „The Montessori Centre for Work and Study, Rydet" in Sätila (Schweden).

Treten in Montessori-Schulen in Deutschland Disziplin- oder Qualitätsprobleme auf, wie sie von den an der Studie beteiligten Absolvent:innen in Kapitel 6 benannt werden, dann liegt das auch daran, dass sich nicht konsequent an den Bedürfnissen der Kinder und Jugendlichen in der jeweiligen Entwicklungsphase orientiert wird. Das wiederum ist unter anderem eine Folge der Lehrerausbildung und Montessori-Qualifikation.

---

36 Zur Entwicklung in Deutschland siehe auch „Entstehung des Erdkinderplans" (Eckert 2020, S. 64–68).

37 David Kahn hat ein AMI-Diplom 6-12 in Bergamo absolviert und war 12 Jahre lang Schulleiter der Ruffing Montessori School (USA). Er war Gründungsdirektor der Hershey Montessori Farm School und der Montessori High School at University Circle in Cleveland, Ohio.

38 Der deutschsprachige AMI-Trainer Dr. Peter Gebhardt-Seele war bei den „Adolescent Colloquiums" dabei und hat den Teilnehmenden des AMI-Diplomkurses 6-12 (2006–2008, Baldegg, Schweiz) begeistert davon berichtet. Er hat über die Weiterbildung informiert und im Rahmen des Kurses eine kurze Vorlesung über die 3. Entwicklungsphase gehalten.

Die Absolvent:innen benennen ihr Bedürfnis nach gut ausgebildeten Montessori-Pädagog:innen klar und deutlich (siehe Kapitel 11). Sie sehen „*Quereinsteiger-Lehrkräfte, die erst an das Montessori-Konzept herangeführt werden müssen*", als Herausforderung an und wünschen sich mehr „*wirkliche Montessori-Lehrer*" (siehe Kapitel 6).

Alle Montessori-Einrichtungen und -Ausbildungsorganisationen in Deutschland sollten diese Aufforderung annehmen und sich selbst auch weiterhin einen hohen Qualitätsanspruch auferlegen. Der Montessori Bundesverband Deutschland e. V. stellt den vielfältigen Montessori-Ausbildungsorganisationen seit Juli 2021 ein Anerkennungsverfahren im Sinne des Qualitätsrahmens (QR) zur Verfügung.[39] Damit gibt es endlich ein gemeinsames Mittel und einen Ausgangspunkt, von dem aus die Weiterentwicklung der Aus- und Weiterbildungsangebote der vielfältigen deutschen Montessori-Landschaft möglich ist.

12.6 Weltweit einzigartig: Die Situation der Fachliteratur

Ein großer Vorteil der Montessori-Bewegung in Deutschland ist eine hervorragende Fachliteratur, ein Fundament, auf dem wir aufbauen können. Weltweit einzigartig ist die wissenschaftliche Werkausgabe „Maria Montessori – Gesammelte Werke". In dieser Edition erscheinen seit dem Jahr 2010 in insgesamt 21 Bänden alle bisher von Maria Montessori veröffentlichten Schriften – mit zum Teil neuen Übersetzungen –, eine Vielzahl unveröffentlichter Schriften, dazu wissenschaftliche Einleitungen, die das herausgeberische Vorgehen deutlich machen (siehe Literaturverzeichnis, S. 108). Fußnoten und Anhänge enthalten Kommentare und ergänzende Passagen, die ein wertvoller Schatz für alle Montessori-Pädagog:innen sind. Prof. (em.) Dr. Harald Ludwig hat damit ein Werk geschaffen, das eine hervorragende Grundlage für wissenschaftliche Forschung und für die Weiterentwicklung der Montessori-Pädagogik in Deutschland bildet.

Engagierte und erfahrene Montessori-Pädagog:innen wie Ela Eckert, Malve Fehrer oder Ulrike Hammer übersetzen zeitnah wichtige Neuveröffentlichungen, neu entdeckte oder überarbeitete Werke von Dr. Maria Montessori, der Montessori-Pierson Publishing Company[40] oder Aufsätze von AMI-Trainer:in-

---

39 Montessori Bundesverband Deutschland e. V.: Qualitätskriterien für die Montessori-Ausbildung, vgl. Montessori Bundesverband Deutschland e. V. (o.J.).
40 „Citizen of the World. Key Montessori Readings" erschien im Jahr 2019 (Montessori 2019a). Bereits im Jahr 2020 übersetzten Ulrike Hammer und Malve Fehrer die „Schlüsseltexte über den Menschen und eine neue Erziehung" (Dr. Montessori 2020c) und ermög-

nen[41] und ermöglichen damit die Teilhabe der deutschsprachigen Pädagog:innen am aktuellen weltweiten Diskurs der Montessori-Fachwelt.

All diese Publikationen bieten ein gutes Fundament und eine hervorragende Ausgangssituation für alle, die Montessori-Pädagogik im Sinne der Kinder und Jugendlichen praktisch umsetzen wollen.

12.7 Wissenschaftliche Grundlagen und praktische Umsetzung der Montessori-Pädagogik in der Sekundarschule

Umfassende Kenntnisse über die Charakteristiken und Bedürfnisse der Jugendlichen zu haben, ist für eine:n Montessori-Pädagog:in eine wichtige Arbeitsgrundlage. Seit dem Jahr 2008 nehmen deutschsprachige Montessori-Pädagog:innen an der Weiterbildung „A Montessori Orientation to Adolescent Studies" in Ohio, USA, teil und seit dem Jahr 2014 gibt es die „Orientation" unter der Leitung der AMI-Trainerin Jenny Marie Höglund auch in Schweden. Im Jahr 2010 gründete Höglund die europäische Ehemaligen-Vereinigung (European Montessori Teachers' Association, EMTA) und organisierte neben regelmäßigen Weiterbildungen auch Auffrischungskurse, sogenannte „Refresher".[42] Seit dem Jahr 2020 gibt es erstmalig die Möglichkeit, ein AMI-Diplom für die 3. Entwicklungsphase (für 12- bis 18-Jährige) zu erwerben. Am aktuellen Diplomkurs in Schweden nehmen auch Lehrkräfte aus Deutschland teil.

Es gibt also bereits einige deutschsprachige Montessori-Pädagog:innen, die an der internationalen Weiterentwicklung partizipieren, sich fortbilden und von deren Wissen und Qualifikation Jugendliche an einzelnen Sekundarschulen profitieren (siehe auch Eckert 2020).

---

lichten damit eine zeitnahe Teilhabe der deutschsprachigen Montessori-Fachwelt am internationalen Diskurs. Weitere Beispiele für aktuelle Veröffentlichungen siehe Literaturverzeichnis.

41 Der Aufsatz von Madlena Ulrich (AMI-Trainerin 3-6) und Carla Foster (AMI-Trainerin 6-12) bei Montessori Norge „Wie macht man Montessori in Corona-Zeiten?" stand dank digitaler Vernetzung schnell weltweit zur Verfügung, wurde von Ulrike Hammer ins Deutsche übersetzt und zeitnah mit Montessori-Lehrkräften im deutschsprachigen Raum geteilt." (Hammer/Villwock 2021, S. 21)

42 Der erste europäische „Orientation"-Auffrischungskurs fand im September 2018 im Gästehaus der Jugendlichen der Freien Montessori Schule Main-Kinzig gGmbH statt. Im Jahr 2019 trafen sich alle zum Netzwerken und zur Wissensauffrischung in Norwegen, in der Tønsberg Montessori Schule in Barkåker. Im Jahr 2020 war ein Refresher in Slowenien geplant, der coronabedingt nicht stattfinden konnte.

Im Jahr 1951 veröffentlichte Maria Montessori in Rom die Bildtafel „The Bulb". Auf dieser stellt sie die Phasen der Entwicklung von der Geburt des Kindes bis hin zum Erwachsenen grafisch dar. Betrachtet man die Abbildung erkennt man deutlich, dass Jugendliche im Alter zwischen 12 und 18 Jahren eine eigene und zusammengehörige Entwicklungsphase durchlaufen. Diese wissenschaftliche Beobachtung aus dem 20. Jahrhundert wird durch aktuelle Studien bestätigt. Beispielsweise formuliert die Neurowissenschaftlerin Sarah-Jayne Blakemore in ihrem (im Jahr 2018 in deutscher Übersetzung erschienen) Werk „Das Teenager Gehirn. Die entscheidenden Jahre unserer Entwicklung" Folgendes:

> „Dass die Adoleszenz unabhängig vom Kulturkreis ein eigenständiges Entwicklungsstadium ist, können wir mit Sicherheit behaupten, [...]." (Blakemore 2018, S. 10)

Spricht Maria Montessori in ihren Schriften vom Jugendlichen als sozialem Neugeborenen, beschreibt Blakemore:

> „Für viele Menschen hat ein tiefes, komplexes Ich-Gefühl und insbesondere das Gefühl für unser soziales Ich seinen Ursprung in der Adoleszenz." (Blakemore 2018, S. 10)

Ausführlich beschreibt Maria Montessori in den Anhängen A, B und C des Werkes „Von der Kindheit zur Jugend",[43] welche zentrale Rolle die Gemeinschaft der Jugendlichen in dieser Lebensphase spielt. Blakemore untermauert mit ihren neurowissenschaftlichen Studien diese Aussage und schreibt:

> „Bei der Entwicklung dieses sozialen Ichs ist eine Menschengruppe von außerordentlich großer Bedeutung: unsere Freunde; andere Heranwachsende; Menschen wie wir." (Blakemore 2018, S. 45)

Der berühmte Satz „Hilf mir, es selbst zu tun", der auch von den Absolvent:innen, die an der Studie teilgenommen haben, oft zitiert wird, bezieht sich auf die Umgebung für 3- bis 6-Jährige (1. Entwicklungsphase). Sprechen wir über die Jugendlichen, dann helfen wir – die erwachsenen Lernbegleiter:innen – der Gruppe als Team, eigenständig zu handeln und zu lernen: „Hilf uns, es selbst zu tun".

---

43 Dr. Montessori 2015, S. 98 ff.

Sarah-Jayne Blakemore betont die gesellschaftliche Relevanz, die das Wissen um die Entwicklung der Jugendlichen hat.

„Die Erweiterung wissenschaftlicher Kenntnisse ist kein Selbstzweck. Wenn wir die Gehirnentwicklung in der Adoleszenz verstehen, ergeben sich daraus weitreichende Folgerungen für die Sozial- und Bildungspolitik." (Blakemore 2018, S. 14)

Wie in anderen Gebieten auch, klafft auch in der Bildungspolitik eine Lücke zwischen menschlichem Wissen und daraus resultierendem Handeln. Von großem Vorteil für Lehrer:innen, die sich intensiv mit Montessori-Pädagogik befassen, ist, dass Maria Montessori nicht nur eine Reform der „Sekundarerziehung" fordert, sondern uns mit ihrem Werk auch Studien- und Arbeitspläne für die Jugendlichen hinterlassen hat. Zur Theorie, also zum Wissen, gibt es damit auch Handlungsoptionen, die im Alltag mit den Jugendlichen umgesetzt werden können.

Natürlich sind Montessoris Anforderungen an eine Umgebung für Jugendliche hoch – genau wie in den anderen Entwicklungsphasen auch. Dass es sich lohnt, die hohen Anforderungen als Ziel festzulegen, haben viele bereits im Rahmen ihrer Arbeit in den Umgebungen für die Kinderhauskinder oder die Grundschüler:innen erfahren.

Vielleich schaffen wir es im 21. Jahrhundert, in Verantwortung für zukünftige Generationen, Montessoris Vorstellungen für eine Schule, die auf die spezifischen Entwicklungsbedürfnisse von Jugendlichen in der Pubertät und Adoleszenz eingeht, zu verwirklichen:

„My vision of the future is no longer of people taking exams and proceeding on that certification from the secondary school to the University but of individuals passing from one stage of independence to a higher, by means of their own activity, through their own effort of will, which constitutes the inner evolution of the individual."[44]

---

44 Dieses Zitat findet man auf der ersten Seite des Buches „From Childhood to Adolescence", Amsterdam: Montessori-Pierson Publishing Company, 2007. The Montessori Series Volume 12.

13 Handlungsableitungen

Jörg Boysen

13.1 Übergeordnete Ziele der Montessori-Pädagogik

Wie in der Satzungspräambel des Montessori Bundesverband Deutschland e. V. festgehalten, dient die Umsetzung der Montessori-Pädagogik folgenden übergeordneten Zielen:
- Kinder und Jugendliche entfalten ihr Potenzial.
- Kinder und Jugendliche entwickeln sich zu mündigen, selbständigen Erwachsenen, mit sozialem, ethischem und politischem Verantwortungsgefühl und besonderem Verständnis für den Frieden und die Umwelt.

Ausgangspunkt ist das Vertrauen in die Entwicklungs- und Entfaltungsmöglichkeiten von Kindern und Jugendlichen in einer auf ihre Entwicklungsbedürfnisse ausgerichteten Lernumgebung, also mit selbsttätigem, selbstbestimmtem Lernen „vom Kinde aus".

Die Ergebnisse der vorliegenden Studie sind ermutigend, durch ihre Bestätigung der Umsetzung dieser Ziele in der Schulpraxis. In der Befragung werden jedoch auch die folgenden Handlungsableitungen für Montessori in Deutschland deutlich, um eine weitere erfolgreiche Umsetzung der Ziele im 21. Jahrhundert zu gewährleisten.

13.2 Rahmenbedingungen für die Umsetzung der Montessori-Pädagogik

In Kapitel 11 sind diverse Herausforderungen für die Montessori-Schule in der Zukunft aus Sicht der Absolvent:innen dargestellt. Vieles ist bekannt, da wir Rahmenbedingungen der Montessori-Schulpraxis gut kennen:

- Der Leistungsdruck in der Gesellschaft spiegelt sich auch in der Institution Schule wider. Montessori-Schulen stellen sich den Anforderungen der staatlichen Abschlüsse, gehen jedoch pädagogisch und didaktisch anders als Regelschulen vor, um ihre Schüler hierauf vorzubereiten. Das prozessorientierte Leistungsverständnis entspricht den Grundsätzen der Montessori-Pädago-

gik, muss jedoch immer wieder gegenüber Eltern und Schüler:innen erläutert werden.
- Der Umgang mit Diversität und Heterogenität einschließlich eines Inklusionsanspruchs ist dem Ansatz der Montessori-Pädagogik inhärent. In der Praxis gehören dazu eine gute Ausbildung der Lehrkräfte und ein Ressourcenbudget, das dem Schüler-Mix der Schule entspricht. Dieser Mix ist, wie Montessori-Schulen bereitwillig bestätigen werden, bereits sehr divers und soll auch so sein. Man muss aber zur Kenntnis nehmen, dass nicht alle gesellschaftlichen Gruppen erreicht werden, die von der Montessori-Pädagogik profitieren könnten.
- Die Budgetknappheit an Montessori-Schulen, aber nicht nur dort, ist chronisch. Ressourcen sind immer begrenzt und der Bedarf an höheren Finanzmitteln ist beliebig argumentierbar. Durch die finanzielle Schlechterstellung der Schulen in freier Trägerschaft ist deren Lage noch verschärft.
- Der Lehrkräftemangel begleitet sowohl das staatliche Schulwesen als auch die freien Träger seit langer Zeit. Er fängt mit der unbefriedigenden Attraktivität des Lehrberufs an und hört mit der Schlechterstellung von angestellten gegenüber verbeamteten Lehrkräften auf. Aber auch an staatlichen Montessori-Schulen entstehen immer wieder Probleme, weil die Teilnahme an einer Montessori-Zusatzausbildung freiwillig ist und dort nur empfohlen werden kann.

Diese Rahmenbedingungen haben sich allerdings in den letzten Jahren, zumindest subjektiv, zugespitzt. Wir können daran arbeiten, sie zu verbessern, müssen sie aber als Begleitmusik unserer Arbeit akzeptieren.

13.3 Konsequenzen für unser „Kerngeschäft"

Ausgangspunkt für alle Zukunftsüberlegungen muss sein, dass Montessori-Schulen eine gute Arbeit leisten können. Hierbei geht es zunächst darum, realistische Erwartungen an die Institution Schule zu wecken. Schulen sind zwangsläufig immer „auf dem Weg". Nicht jeder Augenblick wird für alle Schüler:innen, jede Lehrkraft und jedes Elternteil zufriedenstellend sein.

Dennoch müssen die einzelnen Rückmeldungen der Absolvent:innen uns anspornen, eine qualitativ durchgängige, hochwertige Arbeit zu leisten und die Strukturen hierfür kontinuierlich zu verbessern. Dies fängt mit einer Montessori-Zusatzausbildung an, die Lehrkräfte für die pädagogische Praxis an Montessori-Schulen konkret und ausreichend vorbereitet. Die einzelne Lehrkraft kann nur dann erfolgreich sein, wenn Prozesse und Strukturen an ihrer Schule angemessen sind. Grundlage muss ein montessoripädagogisches Konzept sein, das gelebt und regelmäßig evaluiert und weiterentwickelt wird.

Diese beiden Aspekte – Evaluation und Weiterentwicklung – werden im Montessori Deutschland Qualitätsrahmen (QR) für die Montessori-Praxis und die Montessori-Ausbildung adressiert. Dessen Qualitätskriterien für Bildungseinrichtungen beschreiben montessoripädagogische Entwicklungsziele, an denen sich Schulen messen und mit denen sie Schulentwicklung betreiben können. Ein QR-Anerkennungsverfahren erlaubt es, sich die erreichte Qualität und die gesetzten Ziele bestätigen zu lassen.

Gut fügt es sich, dass aktuelle Anforderungen an Nachhaltigkeits- und Friedenserziehung sowieso durch Montessori-Konzepte bereits abgedeckt sind.

13.4 Profilbildung und Öffentlichkeitsarbeit

Die Montessori-Bewegung ist vermutlich noch nie zufrieden gewesen über ihre öffentliche Wahrnehmung.

Die Absolvent:innen von Montessori-Ausbildungen berichten von Vorurteilen gegenüber der Montessori-Pädagogik, die es ihnen schwerer mache, für ihren Montessori-Werdegang Anerkennung zu finden. Umgekehrt sehen Montessori-Schulen aber täglich, wie ihre Schüler:innen sich in Richtung der oben dargestellten Persönlichkeitsentwicklungsziele entwickeln.

Häufig wundern sich Montessori-Insider über die Verkündung von vermeintlich neuen wissenschaftlichen Erkenntnissen zur Kindesentwicklung, die ihnen aus der Montessori-Pädagogik schon längst bekannt waren. Vielleicht hat es nicht geholfen, dass Begriffe wie „Polarisierung der Aufmerksamkeit", „Normalisierung" und „Sensible Phasen" nicht der aktuellen Wissenschaftssprache entsprechen und gegenüber Eltern erklärungsbedürftig sind. Die Begriffe zu aktualisieren, oder verständlicher zu machen, wird schon lange diskutiert.

Klassisch ist die Frage, ob Montessori-Pädagogik so ähnlich wie Waldorfpädagogik sei. Hier gilt es, in der modernen Mediengesellschaft aktiv, professionell und kontinuierlich Öffentlichkeitsarbeit zu betreiben. Sich über falsche Fremdwahrnehmung zu beklagen, ohne etwas dagegenzusetzen, ist müßig. Montessori Deutschland hat daher die Montessori-Profilbildung als Kernthema aufgegriffen. Darüber hinaus sind drei Schwerpunktthemen für die Öffentlichkeitsarbeit identifiziert worden:

- Bildungspolitische Interessenvertretung: Hier geht es um vielfältige Themen – von der Forderung nach weiterbestehender Vielfalt im Bildungswesen, der

Erneuerung der Lehrausbildung bis hin zur Forderung nach Gleichbehandlung bei der Berücksichtigung von Schulen in freier Trägerschaft bei finanziellen Bundesinitiativen, die auf Landesebene umgesetzt werden.
- Wissenschaftliche Verankerung: Die Montessori-Pädagogik ist wissenschaftlich begründet. Die allgemeine moderne Bildungsforschung ist jedoch in unterschiedlichen Disziplinen – von Pädagogik bis Neurowissenschaften – verästelt, in denen sie nur selten explizit bzw. nur unzureichend behandelt wird. Hier gilt es, Kontakte zu Wissenschaftler:innen zu verstärken, die beispielsweise zu reformpädagogisch relevanten Themen forschen. Wichtig ist die Beteiligung an Studien, die die Wirksamkeit der Montessori-Pädagogik bestätigen.
- Pädagogische Nachwuchssicherung: Ungeachtet aller genannten Probleme ist es wichtig, die Vorteile der Arbeit an Montessori-Schulen im Sinne von beruflicher Verwirklichung oder der Attraktivität des Arbeitsplatzes zielgruppengerecht zu formulieren und entsprechende Kampagnen zu entwickeln.

13.5 Weiterentwicklung der Pädagogik

Tatsächlich hat die von den Absolvent:innen genannte Herausforderung, den Umgang mit neuen Medien und Fragen der Digitalisierung in die Montessori-Schule stärker hineinzubringen, eine andere Qualität als die anderen genannten Herausforderungen.

Digitale Medien sind Bestandteil der Lebenswelt unserer Kinder und Jugendlichen. Schüler:innen und Eltern erwarten von Montessori-Pädagog:innen konstruktive und intelligente Antworten auf deren Einsatz. Beispielsweise wird eine spezielle Medienkompetenz bzw. Medienmündigkeit gefordert. Die öffentliche Fachdiskussion wird hierbei kaum durch kompetente Vertreter:innen oder Fürsprecher:innen der Montessori-Pädagogik mitgestaltet. Auch wird die öffentliche Diskussion nicht ausreichend altersdifferenziert geführt, was zulasten der Klarheit der diversen Positionen zum Thema geht.

Die Montessori-Pädagogik muss auf folgende strategische Fragen konzeptionelle Antworten finden:
- Welche Auswirkung haben die zunehmend digital orientierte Gesellschaft und der Einsatz von digitalen Medien auf die Montessori-Pädagogik und ihre Umsetzung?
- Hat nicht gerade die Montessori-Pädagogik einen eigenen, auf die individuelle Entwicklung des Kindes fokussierten Beitrag zu aktuellen Fragen der Digitalisierung anzubieten?

Und etwas provozierender gefragt:
- Werden die Möglichkeiten der individuellen Förderung mit digitalen Hilfsmitteln die traditionelle Montessori-Pädagogik, perspektivisch gesehen, überflüssig machen?

In Deutschland war unter Montessori-Pädagog:innen, jedenfalls vor der Corona-Pandemie, zunächst eine skeptische Haltung gegenüber digitalen Medien zu spüren. Der Computer wurde als wenig hilfreich für die Lern- und Persönlichkeitsentwicklung angesehen, in Teilen sogar vor der Sekundarstufe rundweg abgelehnt. Es blieb häufig den aktiven Praktiker:innen überlassen, ihre eigenen Deutungen und Ableitungen vorzunehmen.

Teilweise wird – auch an Montessori-Schulen, manchmal schon ab der Primarstufe – die flächendeckende Zurverfügungstellung von Computern, Tablets oder Smartphones akzeptiert. Wie sie eingesetzt werden sollen, wird häufig erst anschließend überlegt.

Erforderlich ist – gerade nach den Pandemie-Erfahrungen – eine systematische, alle Entwicklungsphasen abdeckende Ableitung des sinnfälligen Einsatzes digitaler Technologien und Medien, einschließlich Handlungsleitfäden, auf den Grundlagen der Montessori-Pädagogik, also mit Blick auf
- Bildungsziele,
- Persönlichkeitsentwicklungszielen, z. B. Selbständigkeit, Mündigkeit, Sozialkompetenz,
- gesellschaftliche Zielen, z. B. Inklusion, Friedens- und Umwelterziehung,
- spezifische Lern-/Entwicklungstheorien, z. B. Entwicklungsphasen, Sensible Phasen, Normalisierung, Polarisation der Aufmerksamkeit.

Die Digitalisierung ist ein aktuelles Beispiel. Auch andere neue Erkenntnisse, beispielsweise aus den Neurowissenschaften, können dazu führen, dass montessoripädagogische Grundlagen hinterfragt bzw. aktualisiert werden müssten.

Um solche Entwicklungen zu begleiten, Studien anzustoßen und Empfehlungen für die Weiterentwicklung der Montessori-Ausbildungskurskonzepte auszusprechen, könnte die Gründung einer „Montessori-Akademie" auf Bundesebene – eine schon seit Jahrzehnten ausgesprochene Vision – wichtige Impulse liefern.

14 Schlusswort

Margret Rasfeld

Montessori-Schulen werden dann ihrem historischen und modernen Anspruch gerecht, wenn die jungen Menschen sich ein Selbst- und Sozialverständnis aneignen, dass sie die Mit-Gestalter:innen der Welt sind – in *dem ethischen Anspruch, der von Maria Montessori grundgelegt wurde*. Den jungen Menschen, die Montessori-Schulen besuchen, wünsche ich daher – ich mute es ihnen und ich traue es ihnen zu –: Mischt euch ein, versteht euch als wesentliche Mit-Bestimmungsgrößen, was in euren Lernhäusern geschehen soll und tatsächlich geschieht, damit ihr die globale Welt in ihrer Komplexität der Moderne wirklich *versteht*. Und nicht nur versteht, sondern sie auch gemäß anspruchsvollen Maßstäben *zu gestalten lernt*. Die Aufforderung heißt: Entwickelt eure Schulen zu ökologischen Vorzeigeorten, entwickelt sie zu Werk- und Wirkstätten für weltverantwortliches Handeln.

Warum ist das gerade heute so wichtig? Wir stehen mitten in riesigen Herausforderungen. Unsere derzeitige Lebensweise im Paradigma des „höher, schneller, weiter" in Konkurrenz gegeneinander, dem auch das tradierte Bildungssystem überwiegend folgt, hat uns in miteinander verbundene, existenzielle Krisen geführt:
- die *ökologischen Krisen* als Ausdruck der Entfremdung zwischen Mensch und Natur,
- die *soziale Krise* als Ausdruck der Entfremdung zwischen Mensch und Mitmensch,
- die *Sinnkrise* als Ausdruck der Entfremdung von uns selbst, von unseren ureigenen Bedürfnissen wie Selbstbestimmung, Zugehörigkeit, sinnstiftenden Erfahrungen und anderem.

Eine gesellschaftliche Transformation, ein grundlegender Wandel in Einstellungen und Haltungen zur Nachhaltigkeit auf allen Ebenen ist dringendst erforderlich. Dabei geht es nicht um oberflächliche Retuschen, sondern um einen tiefgreifenden Kulturwandel. Es geht
- in der *Ökologie* von lebensfeindlichen zu lebensfördernden Prinzipien,
- im *Sozialen* vom Egozentrismus zur kollektiven und partizipativen Wirksamkeit,
- in der *Ökonomie* von der Profitmaximierung zum Gemeinwohl.

Die Art von erfahrener, von vorgelebter Bildung ist zentral dafür, ob sich eher die eine oder die je andere Richtung durchsetzt, was sich jeweils verbreitet, was hingenommen, von (zu) vielen ertragen, gar mit der Behauptung, es ginge gar nicht anders, verteidigt wird.

Wir brauchen einen Paradigmenwechsel, um zu fördern, was die Zukunftsgesellschaft für die große Transformation braucht: mutige und kreative Weltbürger, weltoffen mit Gemeinsinn, die es gewohnt sind, lösungsorientiert zu denken und Verantwortung zu übernehmen: für sich selbst, für ihre Mitmenschen, für unser aller Mitwelt. Wenn wir auf diesem Planeten überleben wollen, müssen wir lernen, in bestimmter Weise zusammen zu leben: miteinander, verbunden und verbindend, achtsam und in Fürsorge. Eine nachhaltige Zukunft braucht Wir-Qualitäten: Kollaboration, Arbeiten an komplexen Aufgaben im Team, das Achten und Schätzen von Diversität, Vernetzungs- und Beziehungsfähigkeit. Das Zusammenleben-Lernen, eine der wichtigsten Zukunftskompetenzen, lernt man beim und im tatsächlichen Zusammenleben. Stattdessen werden Kinder im deutschen Bildungssystem früh zu Gewinner:innen und Verlierer:innen gespalten und nicht zu Meister:innen ihrer Talente gekürt. Wir entfremden die Kinder von ihrem natürlichen Lernprozess, stören ihn, erzeugen Erwartungen, Leistungsdruck, Angst, Stress und Verunsicherung. Dieses Muster erleben wir besonders auch in Corona-Zeiten. Der verpasste Stoff hat offensichtlich Priorität vor dem, wie es den Kindern und Jugendlichen psychisch und sozial geht und was sie wirklich brauchen.

Die Montessori-Pädagogik bietet gute Ausgangslagen für das, was heute als Hauptherausforderung anzusehen ist für eine zeitgemäße Bildung. Welches die Zukunftserfordernisse heute sind, darauf haben sich die Staaten dieser Erde, die Gesamtstaatengemeinschaft der Welt verständigt: Es sind die 17 Sustainable Development Goals (SDGs), die Nachhaltigen Entwicklungsziele der UN. Sie sollen am besten bis zum Jahr 2030 erreicht sein. Daher heißen die SDGs auch Agenda 2030. Damit sie freilich bis zum Jahre 2030 tatsächlich erreicht sein können, müssen sie jetzt, müssen sie jeden Tag zentrales Bildungsgut sein. Das Ziel 4 heißt „Hochwertige Bildung". Das Bildungskonzept, in dem diese 17 SDGs aufgehoben sind und zur Entfaltung kommen sollen, nennt sich *Bildung für nachhaltige Entwicklung*, kurz BNE. Was damit gemeint ist, wie sich BNE in einem konsistenten Handlungsrahmen entfalten soll und kann, das ist unter anderem ausgeführt im Weltaktionsplan BNE 2030 der UNESCO,[45] im Natio-

---

45 https://unesdoc.unesco.org/ark:/48223/pf0000379488.

nalen Aktionsplan BNE,[46] in der Berliner Erklärung zu BNE.[47] Es geht um *transformative Bildung*, darum, die Herzen zu bilden und die Menschen zu befähigen, die Welt human und sozial sowie naturbewahrend zu entwickeln. Es geht um Visionswillen und Einmischungskompetenz, um „Bürger-Sein in Aktion".

---

46 https://www.bne-portal.de/bne/shareddocs/downloads/files/nationaler_aktionsplan_bildung-er_nachhaltige_entwicklung_neu.pdf;jsessionid=361C45C53801E32E08A682F6EC6E6F36.live722?__blob=publicationFile&v=1.
47 https://en.unesco.org/sites/default/files/esdfor2030-berlin-declaration-ger.pdf.

Literatur

Gedruckte Werke

Barz, Heiner/Randoll, Dirk (2007): Absolventen von Waldorfschulen. Eine empirische Studie zu Bildung und Lebensgestaltung. Wiesbaden: Springer.

Bauer, Friederike/Schmidt, Ute/Villwock, Nina (2015): Ich mach jetzt Mathe oder Deutsch – Warum Eltern eine Montessori-Schule gründeten und bis heute zufrieden damit sind. Bildfolio.

Blakemore, Sarah-Jayne (2018): Das Teenager Gehirn. Die entscheidenden Jahre unserer Entwicklung. Frankfurt am Main: S. Fischer.

Eckert, Ela (2007): Maria und Mario Montessoris kosmische Erziehung. Vision und Konkretion. Berlin et al.: LIT.

Eckert, Ela/Fehrer, Malve (2015): Kosmische Erzählungen in der Montessori-Pädagogik. Berlin et al.: LIT.

Eckert, Ela (2020): Erdkinderplan. Maria Montessoris Erziehungs- und Bildungskonzept für Jugendliche. Herausgegeben von Klein-Landeck, Michael/Pütz, Tanja. Freiburg/Basel/Wien: Herder.

Grazzini, Camillo (2010a): The Four Planes of Development. In: Communications – Journal of the Association Montessori Internationale (special issue dedicated to the work of Camillo Grazzini), S. 7–29.

Grazzini, Camillo/Krumins Grazzini, Baiba (2010b): A Montessori Community for Adolescents. In: Communications – Journal of the Association Montessori Internationale (special issue dedicated to the work of Camillo Grazzini), S. 95–112.

Günnigmann, Manfred (1979): Montessori-Pädagogik in Deutschland: Bericht über die Entwicklung nach 1945. Freiburg: Herder.

Hammer, Ulrike/Villwock, Nina (2021): Montessori-Pädagogik in Zeiten der Corona-Pandemie. In: Recht & Bildung 18. April, S. 13–21.

Holtstiege, Hildegard/Meisterjahn-Knebel, Gudula/Nitschke, Alexander/Pabst, Hans (Hrsg.) (1996): 25 Jahre ADMV - eine Dokumentation (Pädagogische Schriften Heft 7). Bonn: Aktionsgemeinschaft deutscher Montessori-Vereine.

Holtz, Axel (Hrsg.) (1995): Clara Grunwald. Das Kind ist der Mittelpunkt. Münster: Klemm+Oelschläger.

Kahn, David/Eckert, Ela (2005): Maria Montessoris Erdkinderplan und die Praxis der Hershey Montessori Farm School – ein Interview. In: DAS KIND, H. 38, S. 28–35.

Katzmann, Sabine/Villwock, Nina (2021). Die Arbeit mit dem „Circle" als Element der Selbstevaluation. In: DAS KIND, H. 69, S. 58–65.

Klemm, Klaus (2022): „Entwicklung von Lehrkräftebedarf und -angebot in Deutschland bis 2030". Studie im Auftrag des Verbandes Bildung und Erziehung (VBE). www.vbe.de.

Kramer, Rita (1995/2016). Maria Montessori. Leben und Werk einer großen Frau. Frankfurt am Main: S. Fischer.

Koolmann, Steffen/Petersen, Lars/Ehrler, Petra (Hrsg.) (2018): Waldorf-Eltern in Deutschland – Status, Motive, Einstellungen, Zukunftsideen. Weinheim: Juventa Verlag.

Largo, Remo/Czernin, Monika (2011): Jugendjahre. Kinder durch die Pubertät begleiten. München: Zürich: Piper.

Liebenwein, Sylva/Barz, Heiner/Randoll, Dirk (2013): Bildungserfahrungen an Montessorischulen. Empirische Studie zu Schulqualität und Lernerfahrungen. Wiesbaden: Springer VS Fachmedien.

Montessori, Maria (2007/²2014): „From Childhood to Adolescence", Amsterdam: Montessori-Pierson Publishing Company. The Montessori Series Volume 12.

Montessori, Maria. Ludwig, Harald (Hrsg.) (2010 ff.): Maria Montessori - Gesammelte Werke. Freiburg: Herder.

Montessori, Maria (2011): Montessori and the Adolescents. In: Communications – Journal of the Association Montessori Internationale. H. 1–2 (Double Theme Issue on Montessori and the Adolescents).

Montessori, Maria (1966/2015): Von der Kindheit zur Jugend. Grundschule – Sekundarschule – Universität. (Bd. Gesammelte Werke Band 14). Freiburg, Basel, Wien: Herder.

Montessori, Maria (2019a): Citizen of the World. Key Montessori Readings. The Montessori Series Bd. 14. Amsterdam: Montessori-Pierson Publishing Company.

Montessori, Maria (2019b): Maria Montessori auf der Reise nach Amerika. Ein privates Tagebuch, 1913. Berlin et al.: LIT.

Montessori, Maria (2019c): Maria Montessori spricht zu Eltern. Elf Beiträge von Maria Montessori über eine veränderte Sicht auf das Kind. Freiburg/Basel/Wien: Herder.

Montessori, Maria (2006/2020a): Kosmische Erziehung. Erziehung für die Eine Welt. Herausgegeben von Ludwig, Harald/Klein-Landeck, Michael. Freiburg/Basel/Wien: Herder.

Montessori, Maria (2020b): Maria Montessori schreibt ihrem Vater. Briefe aus Kalifornien, 1915. Berlin: LIT.

Montessori, Maria (2020c): Verantwortung für diese Welt. Schlüsseltexte über den Menschen und eine neue Erziehung. Herausgegeben von Deutsche Montessori Gesellschaft e. V./Assoziation Montessori (Schweiz). Freiburg/Basel/Wien: Herder.

Montessori, Mario (2008): The Human Tendencies and Montessori Education oder Grundlegende Strukturen menschlichen Verhaltens und Montessori Erziehung. DAS KIND (Sonderheft).

O'Donnell, Marion (2014): Maria Montessori. London: Bloomsbury Publishing.

Randoll, Dirk/Peters, Jürgen (2021): „Wir waren auf der Waldorfschule" Ehemalige als Experten in eigener Sache. Weinheim: Beltz Juventa.

Standing, E. M. (1998). Maria Montessori. Her Life and Work. London: Plume.

Stoll Lillard, Angeline (^{3}2017). Montessori. The Science behind the Genius. New York: Oxford University Press.

Waldschmidt, Ingeborg (2001): Maria Montessori. Leben und Werk. München: C.H. Beck.

Online-Quellen

Association Montessori Internationale (o.J.a): Training Centres. https://montessori-ami.org/training-programmes/training-centres (zuletzt abgerufen am 17.02.2022).

Association Montessori Internationale (o.J.b): Become an AMI Teacher Trainer. https://montessori-ami.org/training-programmes/become-ami-teacher-trainer (zuletzt abgerufen am 17.02.2022).

Centro Internazionale Studi Montessoriani (o.J.): COSMIC EDUCATION: The Montessori Approach for the Elementary Years. https://www.montessoribergamo.it/about-montessori.htm (zuletzt abgerufen am 15.10.2021).

Montessori Bundesverband Deutschland e. V. (o.J.a): Qualitätskriterien für Kita/Schule. https://www.montessori-deutschland.de/fuer-bildungseinrichtungen/qualitaetskriterien-fuer-kitaschule/ (zuletzt abgerufen am 15.10.2021).

Montessori Bundesverband Deutschland e. V. (o.J.b): Entwicklungsstufen. https://www.montessori-deutschland.de/ueber-montessori/das-montessori-glossar/#begriff-11 (zuletzt abgerufen am 13.10.2021).

Montessori Bundesverband Deutschland e. V. (o.J.c): Kursverzeichnis. https://www.montessori-deutschland.de/fuer-paedagoginnen/montessori-ausbildung/ (zuletzt abgerufen am 17.10.2021).

Montessori Bundesverband Deutschland e. V. (o.J.d): Für Familien – warum Montessori. https://www.montessori-deutschland.de/fuer-familien/warum-montessori/ (zuletzt abgerufen am 24.10.2021).

Andere Quellen

Krumins Grazzini, Baiba (2021): The Revolution of 1907. How Montessori became Montessori and education was never the same. Webinar.

Schmutzler, Hans-Joachim/Boysen, Jörg (2007): Der Beitrag der Montessori-Pädagogik zur Bildung und Erziehung. Presse-Informationspaket zur Pressekonferenz des Montessori Dachverbands Deutschlands am 08.01.2007 anlässlich der Hundertjahrfeier der Eröffnung des ersten Montessori-Kinderhauses.

Maria Montessori – Gesammelte Werke
Freiburg, Basel, Wien: Herder

Bisher sind erschienen:

Die Entdeckung des Kindes als Band 1 (2010, ³2015)

Anthropologische Schriften als Band 2/1 (2019)

Anthropologische Schriften II als Band 2/2 (2019)

Erziehung und Gesellschaft als Band 3 (2011)

Praxishandbuch der Montessori-Methode als Band 4 (2010, ³2015)

Kalifornische Vorträge als Band 5 (2014)

Das Kind in der Familie als Band 7 (2011, ²2017)

Psychoarithmetik als Band 11 (2012)

Psychogeometrie als Band 12 (2012)

Von der Kindheit zur Jugend als Band 14 (2015, ²2018)

Durch das Kind zu einer neuen Welt als Band 15 (2013, ²2017)

Das gesamte Werk wird voraussichtlich bis 2027 geschlossen vorliegen.

Die Autor:innen

Dr. Ing./UCB Jörg Boysen ist Unternehmensberater i.R. und engagiert sich ehrenamtlich für die Montessori-Pädagogik. Seine Arbeitsschwerpunkte sind die Professionalisierung und Zukunftsfähigkeit der deutschen Montessori-Bewegung.
Seit 2014 ist er Vorsitzender des Montessori Bundesverband Deutschland e. V. (im Vorstand seit 2004), er ist ehemaliger Vorsitzender des Montessori-Landesverbands Hessen (2003–2016) und des Montessori-Zentrums Hofheim (2001–2012). Außerdem ist er ehemaliger Sprecher der Arbeitsgemeinschaft der freien Schulen (AGFS) in Hessen (2007–2016).

Dr. Jürgen Peters hat Mathematik und Pädagogik studiert und als Oberstufenlehrer für Mathematik und Physik an mehreren Waldorfschulen unterrichtet. In Deutschland und den USA war er zudem viele Jahre in der Lehrerausbildung tätig. 2012 erfolgte die Promotion zu dem Thema „Lehrergesundheit und arbeitsbezogene Verhaltensmuster". Seit 2013 ist er als Lehrkraft für besondere Aufgaben im Fachbereich Bildungswissenschaft der Alanus Hochschule in Forschung und Lehre tätig.

Prof. Dr. Dirk Randoll absolvierte ein Studium der Erziehungswissenschaft in Frankfurt/Main. Er war langjähriger wissenschaftlicher Mitarbeiter am Deutschen Institut für Internationale Pädagogische Forschung (DIPF) in Frankfurt/Main. Seit 1999 war er Projektleiter bei der Software AG – Stiftung in Darmstadt. 2002 hat er die Professur für Empirische Sozialforschung am Fachbereich Bildungswissenschaft der Alanus Hochschule in Alfter bei Bonn angetreten. Dirk Randoll ist am 8.12.2021 verstorben.

Margret Rasfeld ist Ermutigerin für Zukunftsbildung, Bildungsinnovatorin, Vernetzerin von Ideen und Menschen, Autorin und war 39 Jahre Lehrerin, davon 25 Jahre Schulleiterin. Sie hat die Ev. Schule Berlin Zentrum aufgebaut, die Schulen in der ganzen Welt inspiriert. Sie tritt mit ihren Vorträgen, Seminaren und Veröffentlichungen für eine neue Lernkultur ein. Deren Eckwerte sind: Bildung für nachhaltige Entwicklung, Potenzialentfaltung, wertschätzende Beziehungskultur, Partizipation, Verantwortung, Sinn. Sie stiftet zusammen mit Schüler:innen jedes Jahr Tausende Menschen an, Bildung neu zu denken. 2012 gründete sie mit Gerald Hüther und Stefan Breidenbach Schule im Aufbruch, um eine Graswurzelbewegung für eine neue Schulkultur in Gang zu setzen. Seit ihrem Ruhestand in 2016 ist Margret Rasfeld in Vollzeit für Schule im Aufbruch unterwegs, macht Mut und unterstützt mit ihrem Team Schulen bei der Transformation. Sie wurde u. a. ausgezeichnet mit dem Vision Award, dem WeQ Award und dem Digitalen Aufbruch Award Deutschland.

Nina Villwock M.A. ist leidenschaftliche Montessori-Pädagogin. Im Jahr 2006 war sie Mitgründerin der Freie Montessori Schule Main-Kinzig gGmbH und ist seit 2011, mit Susen Schorn, geschäftsführende Gesellschafterin. Gemeinsam tragen sie die Verantwortung für ein Kinderhaus, eine Grundschule und eine Sekundarschule und begleiten den Lebensweg von 3-jährigen Kindern bis zu deren Jugend im Alter von 16 Lebensjahren.

2008 (Baldegg, Schweiz) hat Nina Villwock das AMI-Diplom für die Entwicklungsphase 6-12 und 2010 (Ohio, USA) die Weiterbildung A Montessori-Orientation to Adolescent Studies absolviert. Seit 2012 nimmt sie regelmäßig an Auffrischungskursen, Weiterbildungsmaßnahmen und internationalen Konferenzen teil. Seit 2020 absolviert sie den 1. AMI-Diplomkurs für die 3. Entwicklungsphase (12- bis 18-jährige Jugendliche) bei Jenny Marie Höglund (Sätila, Schweden).

Ehrenamtlich engagiert sie sich als Mitglied im Verein der deutschsprachigen AMI-Pädagogen (DAMIP e. V.) und im Vorstand des Montessori Bundesverband Deutschland e. V.

Dirk Randoll | Jürgen Peters (Hrsg.)
»Wir waren auf der Waldorfschule«
Ehemalige als Experten
in eigener Sache
2021, 144 Seiten, broschiert
ISBN: 978-3-7799-6246-5
Auch als E-BOOK erhältlich

Hundert Jahre Waldorfschule: Wie nehmen ehemalige Waldorfschülerinnen und -schüler die Schulzeit wahr? Wie betrachten sie ihren Unterricht aus der Retrospektive? Welchen Einfluss hat der Schulbesuch auf ihren weiteren Lebensweg?
Anhaltspunkte und Antworten auf diese Fragen gibt diese Absolventenstudie der Alanus Hochschule für Kunst und Gesellschaft.

www.beltz.de
Beltz Juventa · Werderstraße 10 · 69469 Weinheim

Eva Schumacher
Montessori-Pädagogik verstehen,
anwenden und erleben
Eine Einführung
2. Aufl. 2020, 144 Seiten, broschiert
ISBN: 978-3-407-25840-3
Auch als E-BOOK erhältlich

Die Montessori-Pädagogik ist ein Klassiker der Reformpädagogik – und heute aktueller denn je. Denn im Mittelpunkt stehen Individualisierung, Freiarbeit und selbstbestimmtes Lernen.
Eva Schumacher präsentiert in dieser Einführung anschaulich das Erziehungskonzept Maria Montessoris mit besonderem Fokus auf die pädagogische Praxis und die dafür erforderlichen Materialien. So werden neben den theoretischen Grundlagen alle Materialbereiche vorgestellt – von den Sinnes- und Dimensionsmaterialien über die Mathematikmaterialien bis hin zur Kosmischen Erziehung (Kosmisches Material) – und ihre Anwendung wird anhand ausgewählter Beispiele und Farbfotos erläutert. Die Verankerung der Montessori-Didaktik in der aktuellen Entwicklungs- und Lernpsychologie sowie in der empirischen Schulforschung und Schulreform zeigen zudem die Aktualität der Montessori-Pädagogik auf.
Literaturempfehlungen, nützliche Adressen und Überblickstabellen vervollständigen das Buch.

www.beltz.de
Beltz · Werderstraße 10 · 69469 Weinheim